Introduction aux Évangiles synoptiques

Introduction aux Évangiles synoptiques

sous la supervision de
Richard P. Thompson

Les Essentiels Théologiques

DTL

©Digital Theological Library 2025
©Bibliothèque théologique numérique 2025

Library of Congress Cataloging-in-Publication Data Données
de catalogage avant publication de la Bibliothèque du Congrès

Richard P. Thompson (créateur).
[Introduction to the Synoptic Gospels / Richard P. Thompson]
Introduction aux Évangiles synoptiques/ Richard P. Thompson

118 + x pp. cm. 12.7 x 20.32
ISBN 979-8-89731-410-2 (Livre imprimé)
ISBN 979-8-89731-120-0 (Livre électronique)
ISBN 979-8-89731-121-7 (Kindle)

1. Évangiles synoptiques — Critique,
    interprétation, etc.
2. Bible. N.T. Évangiles — Critique,
    interprétation, etc.

BS2555 .T46 2025f

*Ce livre est disponible dans d'autres langues à
www.DTLPress.com*

Image de couverture: Vitrail de la chapelle Wesley, Londres,
"Parabole du semeur"
Crédit photo: Équipe DTL

Table des matières

Préface de la série

L'intelligence artificielle (IA) bouleverse tout, y compris la recherche et l'enseignement théologiques. Cette série, «Les Essentiels théologiques», vise à exploiter le potentiel créatif de l'IA dans le domaine de l'enseignement théologique. Dans le modèle traditionnel, un chercheur maîtrisant à la fois le discours académique et un enseignement réussi passait plusieurs mois, voire plusieurs années, à rédiger, réviser et réécrire un texte d'introduction, qui était ensuite transmis à un éditeur qui investissait également des mois, voire des années, dans la production. Même si le produit final était généralement assez prévisible, ce processus lent et coûteux a fait exploser le prix des manuels. En conséquence, les étudiants des pays développés ont payé ces livres plus cher qu'ils n'auraient dû, tandis que ceux des pays en développement n'y ont généralement pas eu accès (au coût prohibitif) jusqu'à ce qu'ils soient jetés ou donnés des décennies plus tard. Dans les générations précédentes, le besoin d'assurance qualité – sous forme de génération de contenu, de révision par des experts, de révision et de temps d'impression – a peut-être rendu inévitable cette approche lente, coûteuse et exclusive. Cependant, l'IA bouleverse tout.

Cette série est très différente; Il est créé par l'IA. La couverture de chaque volume indique que l'œuvre a été "créée sous la supervision" d'un expert du domaine. Cependant, cette personne n'est pas un auteur au sens traditionnel du terme. Le créateur de chaque volume a été formé par l'équipe de DTL à l'utilisation de l'IA et l'a utilisée pour créer, éditer, réviser et recréer le texte que vous voyez. Ce processus de création étant clairement défini, permettez-moi d'expliquer les objectifs de cette série.

Nos objectifs:

Crédibilité: Bien que l'IA ait fait – et continue de faire – d'énormes progrès ces dernières années, aucune IA non supervisée ne peut créer un texte de niveau universitaire ou de séminaire véritablement fiable ou pleinement crédible. Les limites du contenu généré par l'IA proviennent parfois des limites du contenu lui-même (l'ensemble d'entraînement peut être inadéquat), mais le plus souvent, l'insatisfaction des utilisateurs à l'égard du contenu généré par l'IA provient d'erreurs humaines liées à une mauvaise conception des messages. Les Presses DTL ont cherché à surmonter ces deux problèmes en recrutant des chercheurs reconnus, dotés d'une expertise largement reconnue, pour créer des ouvrages dans leurs domaines d'expertise et en formant ces chercheurs et experts à la conception des messages IA. Pour être clair, le chercheur dont le nom apparaît sur la couverture de cet ouvrage a créé ce volume: il l'a généré, lu, régénéré, relu et révisé. Bien que l'œuvre ait été générée (à des degrés divers) par l'IA, les noms de nos créateurs scientifiques figurent sur la couverture, garantissant ainsi la crédibilité de son contenu, comparable à celle de tout travail d'introduction que ce chercheur/créateur aurait rédigé selon le modèle traditionnel.

Accessibilité financière: Les Presses DTL adhèrent à l'idée que l'accessibilité financière ne devrait pas être un obstacle à la connaissance. Chacun a le même droit de savoir et de comprendre. Par conséquent, les versions numériques de tous les ouvrages des Presses DTL sont disponibles gratuitement dans les bibliothèques DTL, et les versions imprimées sont disponibles moyennant un prix modique. Nous remercions nos chercheurs/créateurs pour leur volonté de renoncer aux accords traditionnels de redevances. (Nos créateurs sont rémunérés pour leur travail génératif, mais ne perçoivent pas de droits d'auteur au sens traditionnel du terme.)

Accessibilité: Les éditions DTL souhaitent mettre à disposition de tous, partout dans le monde, des manuels d'introduction de haute qualité et à faible coût. Les ouvrages de cette collection sont immédiatement disponibles en plusieurs langues. Les éditions DTL réaliseront des traductions dans d'autres langues sur demande. Les traductions sont, bien entendu, générées par l'IA.

Nos limites reconnues:

Certains lecteurs pourraient objecter: "Mais l'IA ne peut produire que du savoir dérivé ; elle ne peut pas créer de la recherche originale et innovante." Cette critique est, en grande partie, fondée. L'IA excelle dans l'agrégation, l'organisation et la reformulation d'idées préexistantes, bien qu'elle puisse parfois accélérer et affiner la production de nouvelles recherches. Toutefois, tout en reconnaissant cette limite inhérente, DTL Press souligne deux points: (1) Les textes introductifs n'ont généralement pas pour vocation d'être révolutionnaires dans leur contenu. (2) DTL Press dispose d'autres collections dédiées à la publication d'ouvrages de recherche originale, rédigés selon un processus traditionnel.

Notre invitation:

DTL Press aspire à transformer en profondeur l'édition académique en théologie afin de rendre le savoir plus accessible et plus abordable de deux manières:

En générant des manuels introductifs couvrant l'ensemble des disciplines théologiques, afin qu'aucun étudiant ne soit jamais contraint d'acheter un manuel dans une langue donnée. Nous espérons que les enseignants, où qu'ils soient, puissent utiliser un ou plusieurs ouvrages de cette série comme supports pédagogiques dans leurs cours.

En publiant également des monographies académiques, rédigées de manière traditionnelle, et mises à disposition en libre accès pour un lectorat universitaire avancé.

Enfin, DTL Press est non confessionnelle et publiera des ouvrages dans tous les domaines des études religieuses. Les monographies traditionnelles sont évaluées par des pairs, tandis que la création des livres introductifs générés par IA est ouverte à tout expert disposant des compétences requises pour superviser le contenu dans son champ disciplinaire. Si vous partagez notre engagement envers la crédibilité, l'accessibilité financière et l'accessibilité universelle, nous vous invitons à rejoindre notre initiative et à contribuer à cette série ou à une autre collection plus traditionnelle. Ensemble, nous pouvons révolutionner l'édition académique en théologie.

Avec nos plus hautes attentes,

Thomas E. Phillips

Directeur exécutif de DTL Press

www.DTLPress.com

www.thedtl.org

Chapitre 1
La nature et la portée des Évangiles synoptiques

Que sont les évangiles synoptiques?

Les trois premiers livres du Nouveau Testament – Matthieu, Marc et Luc – sont communément appelés les Évangiles synoptiques, terme dérivé des mots grecs *syn* ("ensemble") et *opsis* ("voir"). Ce terme souligne le fait que ces Évangiles partagent une perspective commune et peuvent être "vus ensemble" en termes de contenu, de structure et même de formulation. Les spécialistes utilisent souvent un outil appelé *synopsis* pour placer ces Évangiles côte à côte dans des colonnes parallèles, ce qui facilite l'observation des chevauchements et des divergences entre eux. Par exemple, on peut comparer la manière dont les trois Évangiles racontent le baptême de Jésus par Jean-Baptiste. La formulation et l'ordre sont remarquablement similaires, mais on observe également des différences significatives d'accentuation et de ton.

Ce matériel partagé comprend non seulement des récits du ministère public de Jésus – ses miracles, ses enseignements et ses confrontations avec les autorités – mais aussi sa crucifixion et sa résurrection. Pourtant, ces Évangiles ne sont pas de simples copies les uns des autres. Chacun possède sa propre voix et son propre objectif théologique. Marc, considéré par beaucoup comme le plus ancien, est rythmé et dramatique, dépeignant Jésus comme un Messie souffrant, incompris et rejeté. Matthieu réutilise une grande partie du matériel de Marc, mais l'adapte pour mettre en valeur Jésus comme enseignant et accomplissement de la prophétie juive. Il comprend de longues sections d'enseignement, comme le Sermon sur la montagne, qui relie étroitement Jésus à des personnages comme Moïse et David. Luc, le plus long des trois, présente une vision globale du ministère de Jésus, accordant une attention particulière aux groupes marginalisés – les femmes, les pauvres, les Gentils – et mettant l'accent sur les thèmes de la compassion divine et du salut universel.

Reconnaître les similitudes et les différences entre les Évangiles synoptiques soulève des questions fondamentales: pourquoi ces textes sont-ils si semblables? Comment expliquer leurs différences? Que nous apprennent ces liens littéraires sur les premiers disciples de Jésus et sur la manière dont ils ont façonné et transmis son histoire? Il ne s'agit pas de simples curiosités historiques; elles influencent notre compréhension du portrait de Jésus dans les Évangiles, du message qu'il proclamait et de l'importance que les premières communautés attachaient à sa vie et à sa mort.

Il est tout aussi important de reconnaître que ces Évangiles ne sont pas des récits historiques neutres ni des biographies modernes. Ce sont plutôt des récits théologiques – des compositions élaborées pour témoigner du sens de la vie de Jésus, et pas seulement de ses événements. Les évangélistes, ou auteurs des Évangiles, ont sélectionné et organisé des textes pour communiquer leurs convictions sur l'identité de Jésus et la signification de son message pour leurs communautés. Ils n'étaient pas des transmetteurs passifs d'informations, mais des interprètes et des narrateurs actifs. Comprendre les Évangiles comme des récits théologiques nous aide à les lire non seulement pour ce qui s'est "passé", mais aussi pour ce que leurs auteurs considéraient comme le plus important.

Cette perspective a été soulignée par de nombreux chercheurs, comme Luke Timothy Johnson, qui écrit dans *The Writings of the New Testament* que les Évangiles sont des "documents témoins", écrits pour inspirer la foi et façonner l'identité, et non simplement pour consigner des faits. De même, Marianne Meye Thompson, dans *The Promise of the Father*, rappelle aux lecteurs que les Évangiles sont ancrés dans les préoccupations théologiques de leur époque, chacun répondant à des défis, des questions et des espoirs spécifiques au sein des premières communautés qui suivaient Jésus. Une lecture attentive des Évangiles exige d'être attentif à cette dynamique narrative et aux convictions profondes qui animent chaque texte.

Pourquoi les évangiles synoptiques sont-ils importants?

Les Évangiles synoptiques ont façonné l'identité, la théologie et la pratique chrétiennes pendant près de deux millénaires. Mais au-delà de leur rôle central dans la vie religieuse, ils constituent également des sources essentielles pour quiconque cherche à comprendre le Jésus historique, la formation des premières communautés chrétiennes et le monde social et politique de la Judée et de la Galilée du Ier siècle. Ces Évangiles dressent des portraits complexes de Jésus en tant que maître, prophète, guérisseur et Messie, et préservent une riche diversité de réponses à son message et à sa mission.

L'une des raisons pour lesquelles les Évangiles synoptiques sont si importants est qu'ils offrent des perspectives complémentaires sur la vie et l'héritage de Jésus. Aucun Évangile ne raconte à lui seul "l'histoire complète". Au contraire, chacun propose une interprétation théologique, façonnée par les préoccupations communautaires, les stratégies littéraires et les interprétations scripturaires particulières. Par exemple, l'Évangile de Matthieu contient de nombreuses citations des Écritures hébraïques pour montrer que Jésus accomplit la prophétie juive, tandis que celui de Luc commence par une introduction historique approfondie et poursuit le récit dans un second volume, les Actes des Apôtres.

Les Évangiles n'étant ni des journaux de témoins oculaires ni des récits journalistiques, le lecteur attentif doit se demander: que signifient ces récits dans le contexte où ils sont racontés? Comment reflètent-ils à la fois la mémoire et le sens? Ces questions ont conduit les chercheurs à développer différentes méthodes d'interprétation – historique, littéraire, narrative, rédactionnelle –, toutes conçues pour aider le lecteur à saisir le message des Évangiles.

Par exemple, James D. G. Dunn met l'accent sur la "tradition orale" qui sous-tend les Évangiles écrits dans son ouvrage *Jesus Remembered,* affirmant que les récits concernant Jésus circulaient dans les communautés vivantes bien avant d'être consignés par écrit. D'autres, comme Sandra Schneiders, s'appuient sur des méthodes littéraires et herméneutiques pour comprendre les Évangiles comme des textes qui reflètent et façonnent la croyance. Cette diversité d'approches illustre la richesse de l'étude des Évangiles: elle ne se limite pas à un seul angle, mais invite à une réflexion interdisciplinaire.

Similitudes et différences: mise en place du problème synoptique

L'une des questions scientifiques les plus persistantes et les plus influentes concernant les Évangiles synoptiques est connue sous le nom de "problème synoptique". Ce terme désigne la difficulté d'expliquer à la fois les similitudes et les différences entre Matthieu, Marc et Luc. Par exemple, plus de 90 % du contenu de Marc se trouve dans Matthieu, et environ 50 % dans Luc. Pourtant, Matthieu et Luc contiennent également des éléments absents de Marc, comme le Notre Père, les Béatitudes et plusieurs paraboles uniques, ce qui soulève des questions sur la manière dont ces textes ont été composés et sur la question de savoir s'ils partageaient des sources écrites ou orales communes.

La solution la plus largement acceptée aujourd'hui est l'hypothèse des deux sources, selon laquelle Marc aurait été écrit en premier et que Matthieu et Luc l'auraient tous deux utilisé comme source. De plus, Matthieu et Luc se seraient inspirés d'un document aujourd'hui perdu appelé Q, un recueil hypothétique de paroles de Jésus, telles que l'instruction d'aimer ses ennemis et les avertissements contre l'hypocrisie. Bien que Q n'ait jamais été retrouvé sous forme manuscrite, son existence théorique permet d'expliquer comment Matthieu et Luc partagent certains éléments absents de Marc.

Tous les chercheurs n'acceptent pas la théorie Q. L'hypothèse Farrer, par exemple, soutient que Luc a utilisé directement Marc et Matthieu, éliminant ainsi le besoin de Q. Des partisans tels que Mark Goodacre dans Les auteurs de *The Case against Q* trouvent ce modèle plus économique et étayé par des preuves littéraires. Parallèlement, d'autres chercheurs, comme John Kloppenborg, continuent de défendre l'hypothèse Q et de reconstruire son contenu probable et ses thèmes théologiques dans des ouvrages tels que *Exavacating Q*.

Les débats sur le problème synoptique peuvent paraître techniques à première vue, mais ils sont d'une importance capitale. Ils influencent notre compréhension de la formation des Évangiles, de la transmission des enseignements de Jésus et des stratégies éditoriales employées par les évangélistes. Existait-il une source commune mettant l'accent sur les paroles éthiques et les avertissements apocalyptiques de Jésus? Luc a-t-il délibérément modifié l'ordre et le contenu de Matthieu, ou a-t-il eu accès à des traditions indépendantes? L'étude de ces questions permet de comprendre comment les premiers disciples de Jésus ont appréhendé sa mémoire et son message dans des contextes divers.

Comment devrions-nous lire les Évangiles synoptiques?

Lire attentivement les Évangiles synoptiques ne se limite pas à en assimiler le contenu. Il s'agit d'accorder une attention particulière à la forme, à la structure, au langage et à la vision théologique de chaque Évangile. Ces textes ne sont pas seulement des récits d'événements passés; ce sont des récits élaborés pour façonner les croyances et les pratiques de ceux qui les lisent. Ainsi, les lecteurs sont invités à prêter attention à ce que chaque Évangile met en avant, à la manière dont il structure l'histoire de Jésus et aux messages théologiques qu'il véhicule.

Par exemple, l'Évangile de Marc présente à plusieurs reprises Jésus enjoignant aux gens de ne pas révéler son identité – le soi-disant secret messianique. Pourquoi Marc présente-t-il Jésus ainsi? Est-ce pour souligner la nature mystérieuse du rôle de Jésus ou pour refléter l'incompréhension des disciples? En revanche, Matthieu insiste fortement sur Jésus en tant qu'enseignant, présentant de longs discours comme le Sermon sur la montagne qui structurent sa vision éthique. Luc, pour sa part, place les femmes, les étrangers et les pauvres au centre du récit évangélique, abordant les thèmes de l'inclusion, de la justice et de la miséricorde divine.

Des spécialistes comme Elizabeth Struthers Malbon, utilisant la critique narrative, explorent la manière dont les histoires sont racontées, et non seulement ce qui est raconté. Dans *Mark's Jesus*, Malbon montre comment le portrait de Jésus par Marc est façonné par des techniques littéraires telles que l'ironie, les lacunes narratives et l'ambiguïté. De même, Joel Green a soutenu que la théologie de Luc est ancrée dans la manière dont les histoires se déroulent au fil du temps, et que nous devons retracer le développement narratif, et non seulement les propositions théologiques.

Lire attentivement les Évangiles synoptiques implique donc de se poser des questions telles que: que révèlent les choix de l'évangéliste sur sa communauté? Comment les personnages sont-ils représentés? Quels schémas narratifs émergent? Que reste-t-il de non-dit et pourquoi est-ce important? Une telle lecture est un processus riche et complexe, qui récompense la curiosité et un engagement soutenu.

Quel est le but d'une étude approfondie des Évangiles synoptiques?

S'intéresser aux Évangiles synoptiques de manière réfléchie implique de les aborder avec sérieux, curiosité et volonté d'apprendre, non seulement sur Jésus, mais aussi sur les communautés qui l'ont suivi, le monde qu'elles ont habité et les formes littéraires qu'elles ont utilisées pour exprimer leur foi. Il s'agit d'étudier les Évangiles non seulement pour affirmer des croyances préexistantes, mais aussi pour explorer leur profondeur, leur diversité et leur art théologique.

Ce type d'étude n'exige pas d'abandonner ses convictions personnelles; il invite plutôt le lecteur à une réflexion plus approfondie. Tout comme on peut étudier une grande œuvre d'art ou de musique avec à la fois une appréciation émotionnelle et une compréhension technique, les Évangiles peuvent être étudiés pour leur signification, leur complexité et leur impact durable. En les lisant attentivement, on commence à comprendre comment ces textes ont façonné l'imagination morale, la pensée religieuse et la vie communautaire d'innombrables générations.

Dans cet esprit, une étude approfondie rassemble des éclairages issus de multiples disciplines – histoire, théologie, littérature, études culturelles – pour nous aider à mieux comprendre les Évangiles. Des chercheurs comme Dale C. Allison Jr., NT Wright et Amy-Jill Levine ont chacun contribué à cette réflexion plus large. Allison met l'accent sur les strates de mémoire et de signification des traditions de Jésus (*Constructing Jesus*), Wright situe les Évangiles dans le monde politique du judaïsme du Second Temple (*Jesus and the Victory of God*), et Levine invite les lecteurs à écouter les Évangiles avec une oreille nouvelle, sensible à leurs racines juives et à leurs implications modernes (*Short Stories by Jesus*).

En fin de compte, les Évangiles synoptiques ne sont pas seulement des textes anciens; ce sont des récits vivants qui continuent de façonner la vie éthique, spirituelle et communautaire. Les étudier attentivement, c'est écouter attentivement, poser des questions avec audace et s'approprier la richesse d'une tradition toujours vivante et transformatrice.

Chapitre 2
Le problème synoptique

Revoir le puzzle: un regard plus approfondi

Au chapitre 1, nous avons présenté le problème synoptique, terme utilisé par les spécialistes pour décrire les relations littéraires entre les Évangiles de Matthieu, Marc et Luc. Nous y avons constaté que ces trois textes présentent une similitude frappante de contenu et de formulation, racontant souvent les mêmes histoires dans le même ordre, et utilisant parfois les mêmes phrases. Pourtant, ils diffèrent aussi, parfois subtilement, parfois radicalement, par ce qu'ils incluent, ce qu'ils omettent, leur organisation et la manière dont ils présentent Jésus et sa mission. La question au cœur du problème synoptique est la suivante: comment expliquer à la fois les similitudes et les différences entre ces trois Évangiles?

Il ne s'agit pas d'une simple question abstraite ou technique. Comprendre la composition de ces Évangiles, c'est mieux comprendre la nature de leur écriture, les processus de mémoire et de tradition au sein du mouvement de Jésus à ses débuts, ainsi que les perspectives théologiques distinctes qui ont façonné l'histoire de Jésus dans différentes communautés. En examinant plus en détail le problème synoptique, nous découvrons non seulement les liens entre les Évangiles, mais aussi la manière dont les premiers disciples de Jésus ont façonné et transmis son histoire de manières diverses, mais interconnectées.

La preuve de la similitude et de la différence

Les lecteurs attentifs des Évangiles remarquent rapidement que Matthieu, Marc et Luc partagent une grande partie du contenu. Ces sections communes – souvent appelées la "triple tradition" – comprennent des épisodes clés tels que le baptême de Jésus, sa tentation dans le désert, l'appel des disciples, la multiplication des pains et les événements de la Passion. Dans nombre de ces récits, la formulation est quasiment identique d'un Évangile à l'autre, jusqu'à la structure des phrases et au vocabulaire. Cela suggère non seulement une mémoire commune ou une tradition orale, mais aussi un emprunt littéraire direct, c'est-à-dire qu'un ou plusieurs auteurs ont utilisé un autre Évangile comme source écrite.

Pourtant, à côté de ces similitudes, il existe des différences tout aussi importantes. Chaque Évangile possède un contenu unique. Matthieu inclut un long récit de la naissance, la visite des mages, le Sermon sur la montagne et la parabole des brebis et des boucs – aucun de ces éléments n'apparaît chez Marc ou Luc. Luc propose un récit de la naissance différent, mettant en scène des bergers, des anges et le Magnificat, ainsi que des paraboles comme celle du Bon Samaritain et celle du Fils prodigue. Marc, quant à lui, est le plus court et le plus dépouillé des trois, omettant souvent des passages de Matthieu et de Luc. Il possède également un style narratif particulier, passant rapidement d'un événement à l'autre avec le mot "immédiatement", et présente souvent les disciples sous un jour moins flatteur.

Les différences de ton et d'accent théologiques sont peut-être encore plus révélatrices. Le Jésus de Marc est discret sur son identité et souvent incompris, tandis que celui de Matthieu est un maître enseignant qui s'exprime en cinq discours majeurs, faisant écho à Moïse et à la Torah. Le Jésus de Luc est compatissant, attentif aux femmes et aux personnes extérieures, et rempli de l'Esprit de Dieu dès le début. Ces traits distinctifs témoignent de choix délibérés de la part des auteurs des Évangiles, qui reflètent à la fois des objectifs théologiques et un savoir-faire littéraire.

L'hypothèse des deux sources: un modèle scientifique largement répandu

L'hypothèse des deux sources (2SH) est la théorie la plus largement acceptée pour expliquer la parenté littéraire entre les Évangiles synoptiques. Elle soutient que Marc fut le premier Évangile écrit, et que Matthieu et Luc l'ont utilisé indépendamment comme source. Outre Marc, Matthieu et Luc auraient également eu accès à une autre source écrite, aujourd'hui perdue, que les spécialistes appellent Q. Ce modèle des deux sources offre une explication cohérente à la fois du contenu commun aux trois Évangiles synoptiques et de celui trouvé dans Matthieu et Luc, mais pas dans Marc.

Cette théorie s'est développée au fil du temps. Elle a acquis sa formulation classique au début du XXe siècle grâce aux travaux de B.H. Streeter, qui a proposé non seulement Marc et Q, mais aussi des éléments propres à Matthieu (qu'il a appelés M) et des éléments propres à Luc (L). Bien que les études ultérieures aient moins mis l'accent sur M et L en tant que documents distincts, l'idée fondamentale de Streeter demeure essentielle: Matthieu et Luc ont chacun puisé dans de multiples sources, les combinant et les adaptant à leurs propres objectifs théologiques et littéraires.

L'essence de l'hypothèse des deux sources réside dans son explication de la double tradition – des passages présents dans Matthieu et Luc, mais absents de Marc. Parmi ceux-ci figurent certains des enseignements les plus connus de Jésus, comme le Notre Père, le

Sermon sur la plaine (parallèle de Luc au Sermon sur la montagne de Matthieu), des dictons éthiques comme "aimez vos ennemis" et des paraboles comme celle de la brebis perdue. La cohérence de ces éléments, ainsi que le niveau souvent élevé de concordance verbale entre Matthieu et Luc dans ces passages, suggèrent que les deux s'inspirent d'une source textuelle commune.

Le document hypothétique Q, bien qu'il ne soit conservé dans aucun manuscrit, est considéré comme un évangile en paroles, un recueil des enseignements de Jésus sans cadre narratif. Des érudits comme John S. Kloppenborg ont apporté des contributions significatives à l'étude de Q. Dans *The Formation of Q*, Kloppenborg distingue deux niveaux principaux dans le texte: un niveau "sapientiel" antérieur, centré sur les enseignements de sagesse (par exemple, les bénédictions et les instructions éthiques), et un niveau "apocalyptique" ultérieur, mettant en garde contre le jugement et soulignant l'urgence de la repentance. Cette vision stratifiée de Q reflète le dynamisme de la théologie chrétienne primitive, façonnée au fil du temps par les différents besoins et préoccupations communautaires.

La croyance en l'existence de Q reflète également des hypothèses sur l'indépendance de Matthieu et de Luc. S'ils ne connaissaient pas leurs Évangiles respectifs, leur concordance dans les sources non marquiennes doit être due à une autre source commune. Les partisans de l'hypothèse des deux sources trouvent cette explication plus plausible que l'idée d'une dépendance littéraire directe entre Matthieu et Luc, notamment compte tenu de l'ampleur des divergences dans l'ordonnancement, le développement ou la localisation de ces sources communes.

Bien que Q reste une construction hypothétique, l'hypothèse des deux sources continue de fournir un cadre puissant pour explorer les interconnexions littéraires entre les Évangiles, tout en tenant compte de leur diversité de style, de contenu et d'accent théologique.

Priorité de Marc: pourquoi Marc est probablement venu en premier

L'idée selon laquelle Marc est le plus ancien des Évangiles synoptiques – connue sous le nom de priorité marcienne – est à la base de la plupart des théories modernes sur les origines des Évangiles, y compris l'hypothèse des deux sources. Cette position est non seulement largement répandue, mais elle est également étayée par plusieurs sources convaincantes de preuves internes et externes.

Premièrement, l'Évangile de Marc est nettement plus court que celui de Matthieu ou de Luc, et une grande partie de son contenu apparaît – souvent textuellement – dans les deux autres. Matthieu contient environ 90 % de Marc, et Luc en inclut plus de la moitié. Lorsque Matthieu et Luc incluent tous deux des éléments martiens, ils concordent souvent, conservant parfois presque exactement la formulation de Marc. Ce schéma suggère fortement que Marc a été utilisé comme document source.

Deuxièmement, la langue et le style de Marc sont généralement plus primitifs ou moins raffinés que ceux de Matthieu et de Luc. Le grec de Marc est brut et regorge d'expressions familières, de redondances et d'expressions vives mais maladroites. Par exemple, Marc utilise souvent le mot "immédiatement" (en grec: *euthus*) pour passer rapidement d'une scène à l'autre, donnant au récit un rythme haletant et dramatique. Matthieu et Luc adoucissent fréquemment ces aspérités, éliminant les redondances et les remplaçant par des constructions plus élégantes. Ce modèle d'amélioration linguistique suggère que la version de Marc a été la première, puis révisée par les autres évangélistes.

Troisièmement, Marc inclut plusieurs détails difficiles ou problématiques que Matthieu et Luc omettent ou atténuent. Dans Marc 3,21, par exemple, la famille de Jésus tente de le retenir en disant: "Il a perdu la raison." Ni Matthieu ni Luc ne mentionnent cet épisode. De même, Marc dépeint Jésus comme limité dans ses pouvoirs ou ses connaissances dans certaines scènes, comme lorsqu'il est incapable d'accomplir des miracles dans sa ville natale (Marc 6,5) ou lorsqu'il confesse son ignorance quant au moment de la fin (Marc 13,32). Ces caractéristiques sont souvent théologiquement difficiles, et il est plus probable que les auteurs ultérieurs les aient révisées ou omises plutôt que de les inventer. La logique éditoriale d'amélioration est plus plausible de Marc à Matthieu et Luc que l'inverse.

Des érudits tels que Joel Marcus et Adela Yarbro Collins, qui ont tous deux publié des commentaires majeurs sur Marc, soulignent la profondeur théologique et la sophistication littéraire de l'Évangile, malgré sa surface plus "rugueuse". Ils soulignent l'urgence apocalyptique de Marc, l'ironie narrative et l'accent mis sur Jésus, le Fils de Dieu souffrant. Reconnaître Marc comme le premier Évangile permet aux érudits de retracer l'évolution de ce portrait théologique à travers les interprétations plus complètes et interprétatives de Matthieu et de Luc.

La théorie de la priorité marcienne non seulement donne un sens aux modèles littéraires, mais souligne également le rôle des auteurs des Évangiles comme interprètes et rédacteurs, et non comme simples compilateurs de la tradition. En identifiant Marc comme l'Évangile fondateur, nous commençons à comprendre comment les évangélistes suivants ont abordé le contenu antérieur, le préservant, le remodelant et le recontextualisant pour de nouveaux publics.

Alternatives à la théorie des deux sources: Farrer, Griesbach et autres modèles

Bien que l'hypothèse des deux sources reste dominante, elle a ses détracteurs. Plusieurs théories alternatives ont été proposées pour tenter de résoudre le problème synoptique sans recourir à un document Q hypothétique. La plus importante d'entre elles est l'hypothèse de Farrer, suivie de l'hypothèse de Griesbach et d'autres modèles moins largement acceptés.

L'hypothèse Farrer soutient que Marc a été écrit en premier, suivi de Matthieu, puis de Luc, qui a utilisé les deux Évangiles précédents. Cette théorie élimine complètement la nécessité de Q, affirmant plutôt que le contenu commun à Matthieu et à Luc (la soi-disant "double tradition") s'explique par l'utilisation directe de Matthieu par Luc. Cela signifierait que Luc a sélectionné, édité et réorganisé le contenu de Matthieu en fonction de ses propres priorités théologiques.

Les partisans de ce point de vue, comme Mark Goodacre, soutiennent que cette explication est plus économique et mieux étayée par les preuves littéraires que l'hypothèse d'une source perdue. Les travaux de Goodacre, notamment *The Case Against Q*, remettent en question les hypothèses qui sous-tendent le modèle des deux sources et soutiennent que les techniques littéraires de Luc – ses omissions, ses déplacements et ses réinterprétations du texte de Matthieu – seraient plus logiques s'il avait eu accès au texte de Matthieu.

Le modèle de Farrer s'appuie également sur les schémas de concordance verbale entre Matthieu et Luc. Dans certains passages, la concordance est si étroite qu'elle est difficile à expliquer sans une dépendance littéraire directe. Pourtant, l'hypothèse de Farrer n'est pas sans difficultés. Par exemple, si Luc a utilisé Matthieu, pourquoi aurait-il omis des passages importants et théologiquement riches, comme la majeure partie du Sermon sur la montagne? Pourquoi Luc réorganise-t-il ou recontextualise-t-il si minutieusement le texte de Matthieu, au point même d'en obscurcir la structure? Ces choix éditoriaux soulèvent des questions que les chercheurs continuent de débattre.

L'hypothèse de Griesbach, ou hypothèse des deux Évangiles, propose un ordre radicalement différent: Matthieu aurait été écrit en premier, suivi de Luc, puis de Marc, qui aurait utilisé les deux Évangiles précédents pour créer un récit condensé et simplifié. Ce modèle, repris par William R. Farmer au XXe siècle, défend la primauté de Matthieu et considère Luc et Marc comme des remaniements successifs de l'Évangile originel. Les partisans de Griesbach s'appuient sur la tradition chrétienne primitive qui désigne Matthieu comme le premier Évangile et soulignent la cohérence théologique de Luc, qui dépend de lui.

Pourtant, cette vision a rencontré des difficultés importantes. Si Marc avait accès à Matthieu et à Luc, pourquoi aurait-il omis des éléments importants – notamment les récits de naissance, les enseignements clés et les paraboles – et présenté un récit plus abrupt et moins développé? Pourquoi un écrivain ultérieur aurait-il produit un Évangile plus court et apparemment moins complet en omettant autant de deux Évangiles plus complets? Ces questions ont conduit la plupart des spécialistes à conclure que la dépendance s'exerce dans l'autre sens: de Marc vers Matthieu et Luc.

D'autres modèles, tels que des théories impliquant de multiples traditions orales, des textes anciens semblables à des Évangiles perdus ou des couches rédactionnelles complexes, ont également été proposés. Ils reflètent la nature complexe et dynamique de la composition des Évangiles. Quel que soit le modèle adopté, tous les spécialistes s'accordent sur l'importance de lire les Évangiles comme le fruit d'une élaboration délibérée – non pas comme des transcriptions spontanées d'événements, mais comme des récits forgés au sein de communautés, façonnés par la tradition et guidés par une vision théologique.

Pourquoi le problème synoptique est important

S'attaquer au problème synoptique, c'est aborder certaines des questions les plus profondes et les plus formatrices de l'étude de l'Évangile. Comprendre comment les Évangiles synoptiques ont été écrits et comment ils sont liés les uns aux autres aide les lecteurs à comprendre leurs concordances et leurs divergences. Cela met en lumière les stratégies éditoriales des évangélistes, la manière dont les traditions orales et écrites ont été préservées, et les priorités théologiques qui ont façonné chaque récit évangélique.

Le problème synoptique a également des implications majeures pour notre compréhension du Jésus historique. Si nous pouvons déterminer quelles sources sont les plus anciennes et comment elles ont été utilisées, nous pourrons mieux évaluer quels enseignements et actions de Jésus peuvent remonter aux premiers souvenirs de ses disciples. Des chercheurs comme James D. G. Dunn, dans *Jesus Remembered*, ont souligné l'importance de la tradition orale et de la mémoire collective dans la formation des Évangiles, tandis que d'autres, comme Dale C. Allison Jr. et E. P. Sanders, ont tenté de distinguer le noyau historique probable de l'interprétation théologique ultérieure.

De plus, le problème synoptique nous invite à réfléchir attentivement à la nature même de l'Écriture.

Les Évangiles ne sont pas des récits identiques dictés du ciel, mais des témoignages divers et dynamiques, façonnés par différentes communautés à des fins différentes. Cette diversité n'affaiblit pas leur message, mais l'enrichit. Elle nous rappelle que la vérité de Jésus ne se limite pas à une perspective unique, mais est tissée à travers de multiples témoignages, chacun avec sa propre portée et sa propre voix.

Regard vers l'avenir: lire les synoptiques avec perspicacité

À mesure que nous progressons dans notre étude des Évangiles synoptiques, nous emportons avec nous les connaissances acquises en abordant le problème synoptique. Nous reconnaissons désormais que ces textes sont interconnectés mais distincts, façonnés à la fois par une tradition commune et par une théologie spécifique. Nous comprenons que chaque Évangile s'inscrit dans un débat littéraire plus vaste, et qu'apprécier leurs similitudes et leurs différences nous permet d'entendre leur message plus clairement.

Plutôt que de réduire les Évangiles à des compositions mécaniques ou à des énigmes historiques, ce type d'étude nous ouvre à leur profondeur, à leur richesse et à leur puissance théologique. Il nous permet de les lire avec plus d'attention, de poser de meilleures questions et d'apprécier la complexité du témoignage chrétien primitif. Le problème synoptique n'est donc pas une simple difficulté à résoudre: c'est une porte d'entrée vers une compréhension plus profonde, nous invitant à considérer les Évangiles comme des textes à plusieurs niveaux, intentionnels et riches de sens.

Chapitre 3
Contexte historique et culturel des Évangiles

Introduction: Pourquoi le contexte est important

En lisant les Évangiles synoptiques – Matthieu, Marc et Luc – nous entrons dans des récits peuplés de personnages captivants, de proclamations pressantes et de moments saisissants de rencontre divine. Mais ces récits, aussi puissants soient-ils, ne sont pas nés isolément. Ils ont été écrits dans un réseau complexe de circonstances historiques, de traditions culturelles, de pressions politiques et d'attentes religieuses. Pour bien les comprendre et entendre leur message comme leurs premiers destinataires l'auraient entendu, nous devons pénétrer l'univers qui se cache derrière le texte: les réalités concrètes de la vie au Ier siècle en Méditerranée orientale.

Le contexte ne remplace pas le sens, il l'éclaire. Plus nous comprenons la domination impériale romaine, le sectarisme juif, les espoirs messianiques populaires, les structures économiques et la pensée gréco-romaine, plus nous percevons clairement les revendications théologiques, éthiques et politiques des Évangiles. En fait, nombre des actions et des enseignements de Jésus ne sont pleinement intelligibles que si nous saisissons le contexte dans lequel ils ont été proclamés: un monde de pouvoir impérial et de luttes paysannes, de culte à la synagogue et de sacrifices au temple, d'espoir apocalyptique et de difficultés économiques accablantes.

Ce chapitre explore la matrice historique et culturelle des Évangiles synoptiques en se concentrant sur cinq dimensions interdépendantes: le contexte

19

impérial romain, les diverses expressions du judaïsme du Ier siècle, la vision apocalyptique du monde et les espoirs eschatologiques qui imprégnaient la vie juive, la destruction du Temple en 70 apr. J.-C. et l'influence omniprésente de la culture gréco-romaine. En nous penchant sur ces forces, nous parvenons à comprendre non seulement le contenu des Évangiles, mais aussi les raisons pour lesquelles ils le disent ainsi, et comment ce message a pu fonctionner auprès de leurs premiers destinataires.

Le contexte impérial romain

À l'époque de la rédaction des Évangiles – entre 65 et 90 environ –, l'Empire romain était la puissance politique et militaire dominante du monde méditerranéen. La domination romaine sur la Judée et la Galilée avait débuté en 63 avant J.-C., lorsque Pompée annexa la région, et elle s'est maintenue fermement en place grâce à une combinaison de puissance militaire, d'extraction économique et de persuasion idéologique. Les Romains ne se contentaient pas de gouverner par la force; ils élaboraient une théologie politique, un ensemble de récits et de symboles qui présentaient l'empereur comme le garant de la paix et de l'ordre divins.

Cette idéologie impériale imprégnait la vie publique. L'empereur n'était pas seulement un souverain, il était souvent considéré comme divin. Des titres tels que "Fils de Dieu", "Sauveur", "Seigneur" et "apporteur de paix" (latin: *DIVI FILIUS, SOTER, KYRIOS, PAX ROMANA*) étaient couramment attribués à des empereurs comme Auguste. Ces titres étaient gravés sur des pièces de monnaie, inscrits dans les temples et chantés lors de rituels publics. La domination romaine n'était pas simplement un arrangement politique: c'était un ordre sacré, et la loyauté envers César était à la fois civique et religieuse.

Dans ce contexte, la proclamation que Jésus est "Seigneur" (*kyrios*) n'était pas seulement une revendication spirituelle. C'était une affirmation contre-impériale, une déclaration selon laquelle la véritable autorité et le salut résidaient non pas en César, mais dans le Christ crucifié et ressuscité. Des érudits comme Richard Horsley, dans *Jesus and Empire,* et Tom Wright, dans *Paul and the Faithfulness of God,* ont souligné comment le langage chrétien primitif a subverti le pouvoir romain en utilisant son vocabulaire même de manières nouvelles et radicales.

Sur le plan économique, les effets de l'impérialisme romain se firent profondément sentir. Une lourde fiscalité finançait les routes romaines, les armées et le mode de vie des élites. Les dirigeants locaux, comme Hérode, collectaient des impôts pour le compte de Rome, s'enrichissant souvent ainsi. La concentration des terres se fit de plus en plus forte entre les mains de quelques-uns, tandis que les paysans, les journaliers et les artisans peinaient à survivre. L'attention fréquente des Évangiles à la dette, à la faim, à l'injustice et à la richesse n'est pas une moralisation abstraite: elle reflète une réalité économique réelle et oppressive.

Lorsque Jésus parle du royaume de Dieu, partage ses repas avec les pauvres ou met en garde contre les dangers de la richesse, il le fait dans un monde où le pouvoir et l'argent étaient contrôlés par une petite élite. Lorsqu'il guérit les malades ou touche les intouchables, il remet en question non seulement les lois de pureté religieuse, mais aussi les hiérarchies sociales imposées par les structures de pouvoir impériales et locales. Lire les Évangiles sans ce contexte impérial revient à passer à côté de leur radicalité et de leur vision d'une nouvelle forme de communauté ancrée dans la justice divine plutôt que dans le contrôle impérial.

La diversité juive au premier siècle

Le judaïsme du Ier siècle était marqué par une remarquable diversité interne. Loin d'être une religion monolithique, le judaïsme de l'époque de Jésus comprenait de multiples groupes, mouvements et perspectives, chacun interprétant les Écritures et envisageant l'avenir d'Israël de manière différente. Ces différences nous aident à comprendre les conflits dans les Évangiles – non pas comme des rejets du judaïsme en soi, mais comme un élément d'un débat juif interne sur la manière d'être fidèle à Dieu en cette période d'oppression et d'incertitude.

Parmi les groupes les plus connus figuraient les pharisiens, qui mettaient l'accent sur l'observance de la Torah, la croyance en la résurrection des morts et l'autorité de la loi écrite et orale. Ils étaient respectés pour leur érudition et leur dévotion religieuse, et exerçaient une influence considérable dans les synagogues, centres locaux de la vie communautaire juive. Les Évangiles présentent souvent Jésus en conflit avec les pharisiens, notamment sur des questions telles que la pureté, l'observance du sabbat et l'interprétation de la loi. Mais ces disputes doivent être considérées comme des disputes intra-juives, reflétant des visions divergentes de la fidélité à l'alliance.

Les Sadducéens, en revanche, étaient associés au sacerdoce du Temple et à l'élite de Jérusalem. Ils niaient la résurrection et la loi orale et étaient souvent perçus comme plus coopératifs avec les autorités romaines. Leur pouvoir était ancré dans le système du Temple, qui était au cœur de la vie religieuse juive jusqu'à sa destruction en 70 apr. J.-C. Les Évangiles présentent les Sadducéens comme des adversaires de Jésus, notamment sur les questions de résurrection et d'autorité religieuse.

Un troisième groupe, les Esséniens, probablement liés à la communauté de Qumrân (connue grâce aux Manuscrits de la mer Morte), se retira de la société et forma un mouvement séparatiste et apocalyptique. Ils anticipaient une intervention divine imminente pour purifier Israël et établir un reste juste. Leurs écrits évoquent deux figures messianiques – l'une sacerdotale, l'autre royale – et une bataille finale entre les "Fils de la Lumière" et les "Fils des Ténèbres". Bien que non mentionnée dans les Évangiles, leur vision du monde fait écho à certains aspects du message de Jean-Baptiste et contribue à contextualiser les thèmes apocalyptiques de l'enseignement de Jésus.

Au-delà de ces groupes, il existait également des mouvements messianiques populaires et des figures révolutionnaires, comme Judas le Galiléen, qui résistaient à l'impôt et à l'autorité romaines. Souvent perçus comme des menaces pour le statu quo, ces personnages furent rapidement écrasés par le pouvoir romain. Dans ce contexte, l'espoir d'un messie – un dirigeant divinement oint qui restaurerait le sort d'Israël – demeurait une attente puissante et dangereuse.

Au cœur de la vie quotidienne juive se trouvaient les pratiques de prière, d'aumône, de pureté et d'observance du sabbat. La plupart des Juifs n'appartenaient pas à des groupes sectaires, mais exprimaient leur foi par le culte à la synagogue, les fêtes de pèlerinage (comme Pessah) et les rythmes de la piété fondée sur la Torah. Les Évangiles présupposent ce monde: Jésus enseigne dans les synagogues, assiste aux fêtes et participe à des débats sur la pureté et la loi.

Comprendre la diversité du paysage juif est essentiel pour interpréter les actions de Jésus. Ses conflits avec les pharisiens et les sadducéens n'étaient pas antijuifs, mais s'inscrivaient dans un débat plus large sur ce que signifiait être Israël, comment interpréter la volonté de Dieu et comment vivre dans un monde marqué par l'oppression et le désir de rédemption.

Vision du monde apocalyptique et espoir eschatologique

Au premier siècle, une part importante de la population juive vivait avec un profond sentiment de promesses inachevées. Bien qu'ils croyaient au Dieu qui avait délivré Israël autrefois – d'Égypte, à travers l'exil et jusqu'à sa restauration –, ils se retrouvaient désormais sous domination romaine, sans roi davidique et dans un silence prophétique qui s'étendait sur des siècles. Dans ce contexte, beaucoup se tournèrent vers une vision du monde apocalyptique, un prisme à travers lequel ils pouvaient donner un sens à la souffrance et à l'injustice tout en gardant espoir.

L'apocalyptisme était à la fois un genre littéraire et une orientation théologique. Ses principales caractéristiques comprenaient le dualisme – la croyance que l'histoire est divisée entre le présent et le futur; la révélation – généralement médiatisée par des visions, des rêves ou des figures angéliques; le symbolisme – souvent élaboré et de portée cosmique; et l'espoir d'une intervention divine, souvent associée à un jugement dernier, à la résurrection des morts et à la justification des justes. Parmi les textes apocalyptiques fondateurs figurent Daniel, en particulier le chapitre 7 avec sa vision du "Fils de l'homme", et 1 Hénoch, qui a grandement influencé la vision du monde de groupes comme les Esséniens.

Dans les Évangiles, ces thèmes reviennent fréquemment. L'emploi par Jésus de l'expression "royaume de Dieu" évoque non seulement des idées générales de règne divin, mais aussi une irruption spectaculaire de la justice divine dans un monde brisé. Ses paraboles évoquent souvent un jugement tardif, une récolte finale ou un retournement de situation inattendu – autant d'éléments essentiels de la pensée apocalyptique. Marc 13, souvent appelé la "Petite Apocalypse", dépeint des signes cosmiques, des tribulations et la venue du Fils de l'homme – un écho direct de Daniel.

De nombreux érudits modernes ont souligné cette dimension apocalyptique. Bart Ehrman, dans *Jesus: Apocalyptic Prophet of the New Millennium,* soutient que Jésus se considérait comme un prophète annonçant l'arrivée imminente du règne de Dieu. Dale Allison, dans *Constructing Jesus,* s'appuie sur cette affirmation, suggérant que l'enseignement et les actions symboliques de Jésus – en particulier ses guérisons et ses exorcismes – témoignent d'une imagination prophétique façonnée par la croyance en l'effondrement de l'ère actuelle et l'aube d'une nouvelle.

Cet espoir apocalyptique n'était pas une échappatoire. Il apportait plutôt une vision morale et un courage collectif. Il appelait les gens à la fidélité dans le présent, soutenus par la conviction que la justice divine finirait par triompher. Pour de nombreux Juifs et les premiers disciples de Jésus, l'apocalyptisme offrait un langage de protestation et de persévérance, affirmant que Dieu voyait leurs souffrances, que le mal serait jugé et que les justes seraient restaurés. Il présentait également la mission de Jésus non seulement comme une réforme éthique, mais comme l'inauguration d'une nouvelle réalité cosmique.

La destruction du Temple et ses conséquences

Peu d'événements ont marqué le monde des Évangiles et le christianisme primitif aussi profondément que la destruction du Second Temple de Jérusalem par les Romains en 70 apr. J.-C. Ce cataclysme fit suite à une révolte juive qui débuta en 66 apr. J.-C. et fut réprimée par une force romaine écrasante. Après un siège brutal, les Romains entrèrent dans la ville, détruisirent le Temple et massacrèrent ou réduisirent en esclavage des dizaines de milliers de ses habitants. L'historien Josèphe, commandant juif devenu chroniqueur romain, livre des récits saisissants, parfois propagandistes, des ravages de la guerre.

Théologiquement et culturellement, la perte du Temple fut bouleversante. Le Temple n'était pas seulement un édifice religieux; c'était le centre de l'identité et du culte juifs. C'était le lieu où les sacrifices étaient offerts, où le clergé exerçait son ministère et où, croyait-on, le ciel et la terre se rejoignaient. Sa destruction remettait en question le statut du clergé, l'efficacité de l'expiation et l'avenir de la vie juive.

Pour les premières communautés qui suivaient Jésus, la destruction du Temple fut à la fois un traumatisme et une opportunité théologique. De nombreux spécialistes pensent que l'Évangile de Marc, le plus ancien des synoptiques, fut écrit peu avant ou après cet événement. Dans Marc 13, Jésus prédit la chute du Temple, la présentant comme un jugement divin et exhortant à la vigilance. Pour ces premières communautés, la destruction du Temple n'était pas perçue comme la fin de l'espoir, mais comme la confirmation du message prophétique de Jésus et le début d'une ère nouvelle.

Les lendemains de l'an 70 de notre ère marquèrent également un tournant crucial dans l'histoire juive. La classe sacerdotale étant dévastée et le système sacrificiel n'étant plus viable, la vie juive commença à se réorganiser autour de la synagogue, de l'étude de la Torah et du leadership rabbinique. Ce processus donna naissance à ce que nous appelons aujourd'hui le judaïsme rabbinique, qui met l'accent sur la conduite éthique, la prière et la mémoire collective.

Pour les chrétiens, en particulier les non-Juifs, l'événement a probablement accéléré la distanciation entre la synagogue et l'Église. Les tensions qui existaient entre les disciples de Jésus et les autres groupes juifs ont été intensifiées par le traumatisme, la rivalité et les réponses divergentes à la crise. Les Évangiles – en particulier Matthieu, qui conserve certaines des polémiques les plus vives – reflètent cette période de lutte théologique et d'émergence identitaire.

Parallèlement, la destruction du Temple a suscité une profonde réflexion théologique. Sans lieu cultuel central, où trouver Dieu? Jésus lui-même pouvait-il être considéré comme le nouveau temple, le lieu de la présence divine? Les Évangiles répondent implicitement à cette question par un oui retentissant. L'accent narratif mis sur Jésus comme celui en qui Dieu demeure, celui qui est crucifié et ressuscité, devient le nouveau fondement de la compréhension de l'expiation, de l'accès à Dieu et de la présence divine.

Influences culturelles gréco-romaines

Si le pouvoir politique romain et la vie religieuse juive constituent le contexte le plus immédiat des Évangiles, il convient également de prendre en compte le monde culturel gréco-romain plus vaste. Depuis les conquêtes d'Alexandre le Grand au IVe siècle avant J.-C., la langue et la culture grecques avaient imprégné la Méditerranée orientale. Au Ier siècle de notre ère, la région était une mosaïque de cités hellénistiques, d'éducation grecque, de droit romain et d'un mélange de traditions philosophiques et religieuses.

La plupart des Juifs de la Méditerranée orientale étaient bilingues ou trilingues: ils parlaient l'araméen et lisaient les Écritures hébraïques, mais utilisaient également le grec comme langue véhiculaire du commerce, de l'administration et de la vie intellectuelle. Le Nouveau Testament lui-même est rédigé en grec koinè, le dialecte courant utilisé dans le monde romain. Cela a permis aux Évangiles de circuler largement parmi les publics juifs et non juifs.

L'éducation grecque mettait l'accent sur la rhétorique et la narration, et ces influences sont visibles dans les Évangiles. L'utilisation de paraboles, d'actions symboliques, de discours structurés et de schémas chiastiques reflète une familiarité avec des conventions littéraires plus larges. Luc, en particulier, ouvre son Évangile par une préface dans le style de l'historiographie gréco-romaine (Lc 1,1-4), suggérant qu'il se considérait non seulement comme un théologien, mais aussi comme un historien s'adressant à un public lettré.

Sur le plan philosophique, le monde des Évangiles a été façonné par des courants tels que le stoïcisme, le platonisme et l'éthique populaire qui mettaient l'accent sur la vertu, le destin et la recherche de la vérité divine. Bien que les Évangiles n'abordent pas explicitement ces systèmes, ils abordent les questions de la vie bonne, de la destinée humaine et de la nature de la véritable sagesse. Les enseignements de Jésus sur l'humilité, la paix et la non-représailles vont souvent à l'encontre des codes d'honneur romains et des idéaux philosophiques gréco-romains.

Sur le plan religieux, le monde du Ier siècle était marqué par le pluralisme et le syncrétisme. On vénérait des dieux locaux, des figures impériales et des divinités issues de religions à mystères comme Isis, Mithra et Dionysos. Sacrifices, rituels et fêtes étaient ancrés dans la vie civique. Dans ce contexte, l'affirmation chrétienne primitive selon laquelle Jésus est le seul Seigneur, et que lui prêter allégeance pouvait impliquer le rejet d'autres loyautés, était à la fois convaincante et controversée.

Des villes comme Antioche, Corinthe, Éphèse et Rome devinrent des centres de mission chrétienne et de réception de l'Évangile. La vie urbaine, avec ses réseaux d'échanges, de communication et sa diversité sociale, offrit un terreau fertile à l'expansion du mouvement de Jésus. Les Évangiles eux-mêmes ont peut-être été composés dans ou pour des communautés urbaines cherchant à vivre fidèlement dans un monde complexe et multiculturel.

En résumé, les Évangiles témoignent d'un profond engagement envers la tradition juive et la culture gréco-romaine. Il ne s'agit pas de textes provinciaux ou isolés, mais de documents théologiquement riches, écrits en dialogue avec des empires, des philosophies et des mondes sociaux bien au-delà des collines de Galilée.

Conclusion: voir les Évangiles dans leur monde

Aborder les Évangiles synoptiques avec attention et perspicacité exige plus que de les lire comme des vérités intemporelles ou des récits isolés. Cela nous invite à les situer dans le monde qui les a produits – un monde façonné par la domination impériale, les aspirations religieuses, les disparités économiques et la complexité culturelle. Loin d'en réduire le sens, cette prise de conscience contextuelle l'élargit, nous aidant à entendre les Évangiles tels que leurs premiers auditeurs l'ont peut-être entendu: comme une bonne nouvelle proclamée au milieu du pouvoir, de l'oppression et de l'espoir.

Les Évangiles ne parlent pas de Jésus comme d'une figure spirituelle désincarnée, mais comme d'un enseignant, prophète et guérisseur juif qui vécut sous la domination romaine, s'engagea dans sa tradition religieuse et appela le peuple à une nouvelle vision du règne de Dieu. Son message s'appuyait sur les Écritures d'Israël, s'adressait à de véritables communautés et répondait à des luttes réelles. Il proclamait un royaume qui n'était pas celui de César, une communauté qui incluait les exclus et les pauvres, et une espérance qui osait croire en une résurrection au-delà de la mort et une justice au-delà de l'empire.

En comprenant le contexte historique et culturel des Évangiles, non seulement nous les interprétons avec plus de justesse, mais nous devenons aussi plus attentifs à la manière dont ils continuent de s'exprimer dans nos propres contextes d'injustice, de désir et de transformation. Le monde des Évangiles est peut-être lointain, mais ses thèmes sont étonnamment familiers. Hier comme aujourd'hui, les gens aspirent à la guérison, à la vérité, à la libération et à l'espoir. Et l'histoire de Jésus, autrefois proclamée en Galilée et consignée par les évangélistes à l'ombre de l'empire, continue d'offrir une parole de vie à ceux qui ont des oreilles pour entendre.

Chapitre 4
Critique de la source et de la rédaction

Introduction: Comment les Évangiles ont pris forme

Les Évangiles synoptiques – Matthieu, Marc et Luc – ne sont pas de simples recueils de paroles de Jésus ou de récits historiques inédits. Ce sont des récits théologiques soigneusement élaborés, écrits par des auteurs qui ont sélectionné, façonné et organisé les textes afin de communiquer une vision particulière de Jésus et du sens de sa vie, de sa mort et de sa résurrection. Bien qu'ancrés dans la mémoire et la tradition, ils reflètent également les choix interprétatifs et les orientations éditoriales de leurs auteurs.

Ce chapitre présente deux des méthodes scientifiques les plus importantes pour explorer la composition des Évangiles: la critique des sources et la critique rédactionnelle. La critique des sources examine les documents écrits dont les auteurs des Évangiles disposaient probablement et la manière dont ils les ont utilisés. La critique rédactionnelle, quant à elle, se concentre sur la manière dont chaque évangéliste a édité et retravaillé ces sources pour exprimer ses convictions théologiques, ses préoccupations pastorales et ses objectifs littéraires particuliers.

Ces deux approches s'appuient sur l'idée que les Évangiles sont issus d'un processus complexe de tradition, de réflexion et de composition. Elles aident les lecteurs à dépasser les simples questions de faits ou d'harmonisation, et à apprécier les Évangiles comme des constructions littéraires et théologiques, façonnées par des communautés historiques cherchant à témoigner fidèlement de l'importance de Jésus.

L'émergence de la critique des sources

L'étude moderne des Évangiles a véritablement débuté au siècle des Lumières, lorsque les chercheurs ont commencé à s'interroger systématiquement sur l'histoire et la littérature de la Bible. Aux XVIIIe et XIXe siècles, des penseurs comme Johann Jakob Griesbach et Christian Hermann Weisse ont remarqué que les Évangiles synoptiques partageaient de larges portions de texte, souvent dans le même ordre et avec une formulation grecque identique. Ces schémas suggéraient non seulement une tradition orale, mais aussi des emprunts littéraires directs.

À mesure que cette idée se développait, les chercheurs ont proposé divers modèles pour expliquer les relations littéraires entre les Évangiles. Le plus influent d'entre eux est devenu l'hypothèse des deux sources, qui postule que Marc est le plus ancien Évangile écrit et que Matthieu et Luc l'ont tous deux utilisé comme source. Outre Marc, Matthieu et Luc semblent partager un autre corpus de données – notamment des paroles de Jésus – que l'on retrouve chez les deux, mais pas chez Marc. Les chercheurs pensent que ces données proviennent probablement d'une autre source commune, aujourd'hui perdue, nommée Q, de l'allemand *Quelle,* qui signifie "source".

Cette théorie explique plusieurs caractéristiques des Évangiles synoptiques. Premièrement, elle explique pourquoi plus de 90 % du contenu de Marc apparaît dans Matthieu et plus de la moitié dans Luc, suggérant que les deux évangélistes ultérieurs s'appuyaient sur le récit fondateur de Marc. Deuxièmement, elle explique ce que l'on appelle la "double tradition" – des éléments communs à Matthieu et à Luc, mais absents de Marc, comme les Béatitudes, le Notre Père et la parabole de la brebis perdue. Enfin, elle explique le contenu et la structure spécifiques de chaque Évangile, qui reflètent souvent les intérêts théologiques particuliers de l'auteur.

La source de Q, bien qu'hypothétique, a été largement étudiée par reconstruction textuelle. Des chercheurs comme John S. Kloppenborg ont soutenu que Q possédait sa propre structure théologique, se développant peut-être par étapes, du sapientiel (axé sur la sagesse) au contenu apocalyptique. James M. Robinson considérait Q comme un véritable "Évangile des paroles", représentant peut-être un courant du christianisme primitif davantage axé sur les enseignements de Jésus que sur le récit de sa mort et de sa résurrection.

La critique des sources ne prétend pas retrouver directement les documents originaux ni les témoignages oculaires, mais elle permet aux chercheurs et aux lecteurs de comprendre comment les auteurs des Évangiles se sont inspirés de sources antérieures, remodelant le matériel hérité à de nouvelles fins. Elle révèle les Évangiles comme des textes dialogiques, s'inscrivant dans une tradition vivante et plurielle de commémoration, d'interprétation et de proclamation de l'importance de Jésus.

La logique et l'héritage de l'hypothèse des deux sources

L'hypothèse des deux sources demeure le modèle le plus largement accepté pour expliquer les relations littéraires entre les Évangiles synoptiques. Elle s'est avérée efficace pour expliquer pourquoi Matthieu et Luc suivent la structure narrative de base de Marc, tout en incluant des paroles substantielles absentes de Marc. Selon ce modèle, les auteurs de Matthieu et de Luc travaillaient chacun indépendamment, ayant accès à l'Évangile de Marc et à Q, mais pas aux écrits de l'autre.

Cette vision clarifie non seulement la séquence des événements, mais aussi les schémas théologiques des Évangiles. Par exemple, lorsque l'on compare le récit de la tentation chez Matthieu et chez Luc, on constate qu'ils puisent tous deux dans une source commune. Pourtant, ils situent la tentation finale dans des lieux différents: Matthieu se termine sur une haute montagne, tandis que Luc conclut au temple de Jérusalem. S'ils utilisaient la même source indépendamment, leurs variations suggéreraient des décisions théologiques plutôt qu'un emprunt mutuel.

Malgré ses atouts, l'hypothèse des deux sources présente certaines difficultés. La plus importante est que Q n'a jamais été découvert comme document, et qu'aucun des premiers Pères de l'Église ne le mentionne explicitement. Certains chercheurs, comme Mark Goodacre, soutiennent qu'il est plus plausible de penser que Luc a utilisé directement Marc et Matthieu, éliminant ainsi la nécessité d'une source perdue. Cette alternative, connue sous le nom d'hypothèse Farrer, est abordée au chapitre 2.

Néanmoins, la théorie Q continue de s'imposer auprès de nombreux chercheurs, car elle rend bien compte des points communs et des divergences entre Matthieu et Luc. Elle nous rappelle également que le christianisme primitif ne constituait pas un mouvement unique et unifié, mais une pluralité de voix et de traditions, dont certaines préservaient les enseignements de Jésus bien avant qu'ils ne soient transposés dans les Évangiles narratifs.

Critique de rédaction: les évangélistes comme théologiens

Alors que la critique des sources se concentre sur les matériaux préexistants utilisés par les auteurs des Évangiles, la critique rédactionnelle s'intéresse à la manière dont ils les ont façonnés lors de l'écriture. Cette méthode est apparue au milieu du XXe siècle, lorsque les chercheurs ont commencé à reconnaître les évangélistes non seulement comme des éditeurs ou des collectionneurs, mais aussi comme des théologiens et des auteurs créatifs, chacun doté d'une voix théologique et d'une vision narrative distinctes.

La critique rédactionnelle part d'une constatation simple mais profonde: les différences entre les Évangiles ne sont pas nécessairement des erreurs ou des contradictions. Elles sont souvent intentionnelles et significatives. Chaque évangéliste a pris des décisions sur ce qu'il fallait inclure, ce qu'il fallait omettre, comment organiser le contenu et comment l'encadrer par des commentaires, des transitions ou des interprétations. Ces choix reflètent ses convictions théologiques ainsi que les besoins et les préoccupations des communautés pour lesquelles les Évangiles ont été écrits.

L'un des principaux enseignements de la critique rédactionnelle est que les auteurs des Évangiles ont utilisé leurs sources non pas passivement, mais de manière sélective et ciblée. Par exemple, lorsque Matthieu développe ou révise Marc, il le fait souvent pour souligner l'accomplissement des Écritures, l'autorité de Jésus comme enseignant ou la continuité entre Jésus et l'histoire d'Israël. Lorsque Luc remanie le texte, il met en avant le rôle du Saint-Esprit, l'inclusion des personnes extérieures et le thème de la joie et de l'initiative divine.

Les critiques rédactionnels examinent attentivement la manière dont chaque évangéliste ou auteur d'Évangiles ajoute des commentaires introductifs, des cadrages ou des résumés conclusifs. Ils examinent également la manière dont les récits sont placés dans de nouveaux contextes littéraires qui modifient leur impact ou leur signification. Que se passe-t-il lorsqu'une parabole est déplacée d'une partie du récit à une autre? Quelle signification théologique émerge lorsqu'un miracle est suivi d'un enseignement ou d'une confrontation particulière?

Cette méthode accorde également une attention particulière aux tendances éditoriales, ces constantes qui révèlent les priorités théologiques d'un auteur. Par exemple, Marc tend à dépeindre les disciples comme confus, lents à comprendre et se trompant fréquemment. Matthieu adoucit certaines de ces représentations, probablement pour encourager son public en présentant les disciples comme plus compétents et fidèles. Luc, quant à lui, met souvent l'accent sur la croissance continue des disciples et leur habilitation par l'Esprit, les préparant ainsi à diriger dans le volume suivant, les Actes des Apôtres.

La critique rédactionnelle nous aide à nous demander non seulement: "Que dit ce texte?", mais aussi: "Pourquoi le dit-il ainsi, ici et maintenant?" Elle nous invite à considérer les évangélistes comme des interprètes de la tradition, et non comme de simples transmetteurs. Elle révèle les Évangiles comme des interactions dynamiques avec la mémoire, l'Écriture, la théologie et les préoccupations concrètes des premières communautés chrétiennes.

Exemples de rédaction au travail

Le baptême de Jésus offre un aperçu clair de la stratégie rédactionnelle. Dans l'Évangile de Marc, l'événement est relaté avec concision et immédiateté. Jésus est baptisé par Jean, les cieux s'ouvrent et une voix déclare: "Tu es mon Fils bien-aimé." Matthieu développe considérablement cette scène en introduisant un dialogue où Jean refuse d'abord de baptiser Jésus, et Jésus répond: "Laisse faire maintenant; car il nous convient d'accomplir ainsi tout ce qui est juste." Cet échange non seulement défend l'acte du baptême, mais l'inscrit également dans le thème de Matthieu selon lequel Jésus accomplit le dessein divin et est un modèle d'obéissance. Le récit de Luc change à nouveau de perspective, omettant le rôle de Jean et soulignant que le Saint-Esprit descend pendant que Jésus prie, soulignant ainsi le thème plus large de Luc: la prière inspirée par l'Esprit et la direction divine.

Les prédictions de la Passion dans les Évangiles synoptiques offrent un autre exemple frappant. Dans Marc, Jésus prédit ses souffrances et sa mort à trois reprises, chaque fois suivies d'une incompréhension de la part des disciples, créant un rythme de prophétie, de confusion et de correction. Ce schéma narratif renforce la description que Marc fait du discipulat comme coûteux et souvent mal compris. Matthieu conserve ces prédictions, mais les clarifie ou les étoffe souvent, reliant plus directement les souffrances de Jésus à l'accomplissement des Écritures et de l'intention divine. Luc, quant à lui, modifie les prédictions pour souligner la nécessité de la mission de Jésus et le caractère prophétique de son voyage à Jérusalem.

Le moment rédactionnel le plus célèbre est peut-être la fin de l'Évangile de Matthieu: la Grande Mission. Spécifique à Matthieu, cette scène présente Jésus ressuscité envoyant ses disciples dans toutes les nations pour baptiser et enseigner en son nom. C'est un point culminant approprié à un Évangile qui a présenté Jésus comme un nouveau Moïse, un maître de justice, et celui en qui l'histoire d'Israël trouve son accomplissement. Marc et Luc ne présentent pas cette scène de la même manière; leurs fins sont façonnées par des objectifs théologiques et littéraires différents.

Ces exemples illustrent comment la critique rédactionnelle nous permet de lire les Évangiles non pas comme des histoires rigides ou des plans doctrinaux, mais comme des théologies narratives – des textes composés avec intention et imagination, invitant les lecteurs dans un monde où l'action divine, la réponse humaine et l'identité communautaire sont inextricablement liées.

Conclusion: Les Évangiles comme témoignage interprété

La critique des sources et de la rédaction a transformé la façon dont les lecteurs attentifs abordent les Évangiles synoptiques. Ensemble, elles révèlent la composition complexe et la profondeur théologique de ces textes, nous aidant à considérer les auteurs des Évangiles non pas comme des sténographes de la tradition, mais comme des théologiens pastoraux, façonnés par leurs communautés et guidés par leurs convictions.

Ces méthodes nous encouragent à nous poser des questions plus profondes. Pourquoi Matthieu met-il l'accent sur l'accomplissement? Pourquoi Marc met-il l'accent sur le mystère et l'incompréhension? Pourquoi Luc met-il l'accent sur les pauvres, les exclus et la direction de l'Esprit? Ces questions ne détournent pas notre foi, mais nous invitent à découvrir plus pleinement la richesse des traditions évangéliques.

En nous penchant sur les sources, nous découvrons comment les premiers chrétiens ont préservé et transmis l'histoire de Jésus à travers le temps, l'espace et la communauté. En nous penchant sur la rédaction, nous comprenons comment cette histoire a été interprétée, remodelée et représentable pour apporter une nouvelle dimension à des contextes changeants. Pour les étudiants, les enseignants, les prédicateurs et les lecteurs attentifs, ces outils offrent à la fois un défi et un éclairage, nous rappelant que les Évangiles ne sont pas seulement des témoignages d'événements passés, mais des textes vivants, élaborés avec une intention théologique et qui continuent de parler du présent.

Chapitre 5
Critique de forme et tradition orale

Introduction: Se souvenir de Jésus en communauté

Avant la mise par écrit des Évangiles, l'histoire de Jésus vivait dans les paroles et les souvenirs partagés de ses disciples. Ces premiers chrétiens ne consignaient pas initialement les paroles ou les actes de Jésus par écrit; ils proclamaient, racontaient, redisaient et interprétaient ses paroles et ses actions dans divers contextes: lors des repas, du culte, des débats et en mission. Cette période de transmission orale ne constituait pas une lacune dans la tradition, mais plutôt une étape dynamique et formatrice où l'histoire de Jésus était façonnée pour répondre à la vie de la communauté.

À mesure que cette tradition orale fut finalement rassemblée et transcrite dans les Évangiles, le matériel comportait des formes distinctives – de petites unités narratives ou orales autonomes – que les érudits ont ensuite identifiées et étudiées. Ces formes comprennent des récits de miracles, des récits de déclarations, des paraboles, des dictons et d'autres unités qui ont rendu la tradition de Jésus mémorable, répétable et adaptable. La méthode d'étude de ces éléments constitutifs est devenue connue sous le nom de critique formelle.

La critique formelle, ainsi que les études connexes sur la tradition orale et la mémoire, nous aident à comprendre comment les Évangiles ont été composés, non seulement à partir de sources littéraires, mais aussi à partir d'une tradition vécue et interprétée. Elle nous permet d'apprécier la texture des Évangiles synoptiques, à la fois comme mémoire historique et comme œuvre théologique, fruit de communautés qui se souvenaient de Jésus de manière à nourrir leur foi, à forger leur identité et à répondre à des questions concrètes.

Les origines et les objectifs de la critique formelle

La critique formelle est apparue dans les études allemandes du début du XXe siècle, notamment dans les travaux de Rudolf Bultmann, Martin Dibelius et Karl Ludwig Schmidt. Ces chercheurs craignaient que la critique des sources, bien qu'utile pour identifier les relations textuelles, n'explique pas l'origine des matériaux évangéliques. Les critiques formelles se sont interrogées: avant que les évangélistes n'écrivent leurs Évangiles, comment les récits sur Jésus étaient -ils préservés, transmis et façonnés? Quels contextes sociaux ont donné naissance à des types spécifiques de récits ou de paroles? Et comment ces formes ont-elles évolué au fil de leur utilisation dans le culte, la catéchèse ou la mission?

L'hypothèse fondamentale de la critique formelle est que les Évangiles sont composés d'unités traditionnelles indépendantes – de petites histoires, de dictons ou d'épisodes qui ont circulé oralement avant d'être compilés en récits continus. Ces unités ont été façonnées par les besoins et les situations de vie (*Sitz im Leben*) des premières communautés chrétiennes, et leur forme révèle quelque chose de leur usage originel.

Par exemple, un court récit miraculeux a pu être utilisé dans la prédication pour proclamer l'autorité et la puissance divine de Jésus. Un récit controversé a pu être raconté pour répondre à une opposition ou clarifier des limites éthiques. Une parabole a pu servir d'outil pédagogique ou de défi prophétique. En identifiant la forme et la fonction de ces unités, les critiques de forme espéraient reconstruire l'histoire de la tradition et même se rapprocher du Jésus historique.

Bien que la critique formelle ait été critiquée – notamment pour ses reconstructions spéculatives et sa séparation parfois rigide entre phases orale et écrite –, elle demeure fondamentale. Des chercheurs plus récents l'ont développée en intégrant des éclairages issus de la théorie de la performance, des études sur la mémoire sociale et des études sur l'oralité, qui affirment toutes que la tradition du premier Jésus n'était pas figée dans l'écriture, mais fluide, communautaire et façonnée par l'usage.

Histoires de miracles: actes de pouvoir et signes de compassion

Parmi les récits les plus marquants et les plus marquants des Évangiles synoptiques figurent les récits de miracles. Ces récits présentent Jésus comme un homme puissant et autoritaire, capable de guérir les malades, d'apaiser la mer, de chasser les démons et même de ressusciter les morts. Ces récits sont généralement brefs, dramatiques et structurés avec un début, un milieu et une fin clairs.

Un miracle de guérison typique suit un schéma reconnaissable: une personne s'approche de Jésus (ou est amenée à lui), son état est décrit (souvent en termes de souffrance physique ou d'exclusion sociale), Jésus répond – parfois par un toucher ou une parole – et la personne est guérie, sous l'émerveillement de la foule. Prenons l'histoire de la guérison du lépreux dans Marc 1,40-45, le lépreux implore Jésus de le guérir, Jésus, ému de compassion, tend la main et touche l'homme, le déclare pur, puis l'envoie se présenter au prêtre. Le récit est concis mais puissant, empreint d'une profondeur émotionnelle et d'une portée théologique.

Les récits de miracles avaient de multiples fonctions. Ils démontraient l'autorité de Jésus sur la maladie, la nature, les esprits et la mort. Ils annonçaient également l'avènement du royaume de Dieu, thème central de son ministère. Ces actes de guérison et de libération n'étaient pas seulement des manifestations de la puissance divine; ils étaient des signes de restauration, renversant des conditions d'impureté, d'exclusion ou de désespoir. Dans un monde où la maladie était souvent synonyme de honte et de séparation, les miracles de Jésus ont redonné aux individus leur communauté et leur dignité.

Les critiques formels ont classé ces récits en sous-types, notamment les miracles de guérison, les miracles de la nature et les exorcismes. Chaque sous-type avait sa propre portée théologique. Les miracles de la nature, comme Jésus apaisant la tempête (Marc 4,35–41), évoquaient des images de l'Ancien Testament montrant Dieu soumettant la mer, suggérant une identité divine. Les exorcismes, comme la guérison du démoniaque de Gérasa (Marc 5,1–20), révélaient le pouvoir de Jésus sur le mal spirituel et sa mission de libérer les affligés, y compris souvent ceux qui étaient en marge de la société juive.

Ces histoires ont été racontées et racontées à maintes reprises parce qu'elles incarnaient l'espoir et la promesse de l'Évangile: qu'en Jésus, Dieu était à l'œuvre pour guérir, libérer et restaurer le monde.

Histoires de prononciation: conflit et clarification

Une autre forme largement répandue est le récit de déclaration: un bref récit qui mène à une déclaration culminante de Jésus, généralement prononcée dans le contexte d'une contestation, d'un débat ou d'un moment dramatique. Ces récits étaient particulièrement utiles pour enseigner et défendre des vérités fondamentales, car ils impliquaient souvent des conflits avec des opposants, tels que les pharisiens, les scribes ou d'autres chefs religieux.

L'exemple classique est l'histoire des disciples de Jésus cueillant du blé le jour du sabbat (Marc 2,23-28). Les pharisiens interrogent Jésus sur cette apparente violation de la loi du sabbat, et Jésus répond en citant les Écritures, en invoquant l'exemple de David, puis en déclarant: "Le sabbat a été fait pour l'homme, et non l'homme pour le sabbat; ainsi le Fils de l'homme est maître même du sabbat." Toute l'histoire est construite pour aboutir à cette déclaration mémorable et faisant autorité, qui réoriente l'observance du sabbat autour des besoins humains et de l'autorité divine.

Les récits de proclamation comportent généralement quatre éléments: un contexte, une occasion de conflit ou d'interrogation, une réponse de Jésus (généralement une parole) et une réaction ou une résolution. La structure est concise, le dialogue précis et l'enseignement central. Ils ont probablement été conçus pour préserver les enseignements clés de Jésus de manière à les rendre faciles à mémoriser et à répéter dans des contextes d'instruction ou de controverse.

Ces récits illustrent souvent la sagesse, l'audace et l'autorité interprétative de Jésus. Il remet en question les normes établies, redéfinit la justice et affirme une compréhension particulière de la volonté de Dieu. Qu'il s'agisse de disputes sur les lois de pureté, l'observance du sabbat ou le pardon des péchés, les récits de proclamation présentent Jésus non seulement comme un guérisseur ou un prophète, mais aussi comme un enseignant doté d'une autorité extraordinaire, celui qui parle au nom de Dieu et transforme l'imaginaire moral de ses auditeurs.

Paraboles et dictons: Enseigner le Royaume avec imagination et perspicacité

Parmi les formes les plus appréciées et les plus caractéristiques conservées dans les Évangiles synoptiques figurent les paraboles: de courts récits imaginatifs qui s'inspirent d'expériences quotidiennes pour révéler des vérités sur Dieu, le Royaume et la vie humaine. L'utilisation des paraboles par Jésus le distinguait comme enseignant. Plutôt que de proposer une théologie abstraite ou des commandements rigides, il invitait ses auditeurs à des récits de surprise, de retournement de situation et de réflexion.

Les paraboles ne sont ni des fables ni des contes moraux au sens conventionnel du terme. Elles se concluent rarement par une leçon claire et nette. Elles contiennent plutôt des éléments d'ambiguïté, de tension ou de choc. Prenons la parabole du Bon Samaritain (Luc 10,25-37). Elle commence par une question juridique – "Qui est mon prochain?" – et se termine par un récit qui bouleverse les attentes sociales. Un Samaritain méprisé devient un modèle de miséricorde, tandis que les chefs religieux n'agissent pas. Le récit refuse de définir le prochain de manière restrictive et invite plutôt les auditeurs à repenser les limites de la compassion.

Une autre parabole célèbre, celle du fils prodigue (Luc 15,11-32), explore les thèmes du repentir, du pardon, de la jalousie et de la joie. Sa force émotionnelle réside non seulement dans le retour du fils cadet, mais aussi dans la tension non résolue avec son frère aîné. Le lecteur est captivé par l'histoire et invité à se demander: où est ma position? Que signifie accueillir les autres? Puis-je me réjouir lorsque la grâce m'est accordée?

Les critiques de la forme ont noté que de nombreuses paraboles suivent des structures familières: un scénario simple tiré de la vie quotidienne, un retournement narratif, et un moment final de jugement ou de compréhension. Les paraboles mettent souvent en scène des personnages et des scénarios typiques de la Galilée rurale: agriculteurs, propriétaires terriens, bergers, marchands, mariages et banquets. Ces détails locaux suggèrent que les paraboles trouvent leur origine dans l'enseignement oral de Jésus et se prêtaient bien à la mémorisation, à la représentation et à l'adaptation.

Outre les paraboles, les Évangiles conservent également des paroles de Jésus, probablement transmises indépendamment de récits plus longs. Il s'agit notamment d'aphorismes, de proverbes, de bénédictions et d'avertissements. Par exemple, les paroles "Heureux les artisans de paix" (Mt 5,9), "Les derniers seront les premiers, et les premiers seront les derniers" (Mt 20,16) et "Nul ne peut servir deux maîtres" (Mt 6,24) sont brèves, vivantes et riches de sens. Leur rythme poétique et leur parallélisme les rendent faciles à mémoriser et efficaces pour la transmission orale.

De nombreux dictons reflètent une tradition de sagesse, s'appuyant sur les Écritures hébraïques et l'enseignement juif pour exprimer une vision de vie éthique et de justice divine. D'autres sont apocalyptiques, annonçant le jugement à venir, l'urgence du repentir et l'avènement du royaume de Dieu. D'autres encore sont contre-culturels, appelant à l'amour de l'ennemi, à une générosité radicale et à la non-représailles.

La préservation de ces paroles dans Matthieu et Luc – souvent accompagnées d'une étroite concordance verbale – suggère que les communautés primitives les valorisaient profondément. Certaines de ces paroles proviennent probablement de la source hypothétique Q, tandis que d'autres ont pu circuler par catéchèse orale, notamment dans les églises de maison et lors de la préparation au baptême. Leur concision et leur force témoignent d'un monde où les enseignements devaient être prononcés, entendus et mémorisés, bien avant d'être mis par écrit.

Ensemble, les paraboles et les dictons constituent une part essentielle de la tradition évangélique. Ils reflètent le rôle de Jésus en tant que maître et conteur, celui qui communiquait avec clarté et profondeur, amenant les gens à réfléchir sur le règne de Dieu et les appelant à une vie transformée.

Oralité, mémoire et vie de l'Église primitive

La critique formelle a ouvert la voie à un débat plus large sur la manière dont les premières communautés chrétiennes se souvenaient de Jésus et transmettaient son enseignement. Dans les décennies précédant la rédaction des Évangiles, la plupart des connaissances sur Jésus provenaient non pas de parchemins ou de manuscrits, mais de récits communautaires, de prédications publiques et de pratiques rituelles. Il s'agissait d'un monde oral, où les histoires étaient entendues, récitées, adaptées et intériorisées par la répétition et la participation.

Des chercheurs plus récents ont élargi les perspectives de la critique formelle en s'appuyant sur les études de la tradition orale et la théorie de la mémoire sociale. Des penseurs comme James DG Dunn et Werner Kelber ont souligné que la tradition orale n'est ni statique ni fragile. Elle est à la fois stable et flexible. Les thèmes centraux – tels que l'autorité de Jésus, sa compassion, sa mort et sa résurrection – sont restés constants, tandis que les détails pouvaient être adaptés aux besoins des différentes communautés.

Les théoriciens de la mémoire sociale, tels que Rafael Rodríguez et Alan Kirk, soutiennent que le processus de commémoration de Jésus a toujours été communautaire et théologique. Les communautés se souvenaient de Jésus non pas comme d'un personnage historique neutre, mais comme du Seigneur ressuscité, présent par l'Esprit et actif dans la vie de l'Église. Les Évangiles ne sont donc pas de simples témoignages historiques, mais des actes de mémoire communautaire – des réflexions sur le passé façonnées par la foi et l'espérance du présent.

Cette perspective contribue à expliquer la diversité de la tradition évangélique. Différentes communautés se souvenaient de paroles différentes, mettaient l'accent sur différents aspects du ministère de Jésus et élaboraient des récits adaptés à leurs contextes spécifiques. Les formes de tradition – récits de miracles, récits de proclamations, paraboles et paroles – n'étaient pas de simples vestiges de la pratique orale; elles constituaient le fondement de la proclamation chrétienne, façonnée par l'usage, la mémoire et la conviction théologique.

Conclusion: Tradition vivante et témoignage fidèle

La critique formelle et l'étude de la tradition orale nous rappellent que les Évangiles ne sont pas des textes statiques, tombés du ciel ou dictés mot à mot. Ils sont le fruit de communautés vivantes et fidèles, qui se souviennent, racontent et réinterprètent l'histoire de Jésus à la lumière de leur expérience, de leur culte et de leur mission. Avant d'être écrites, ces traditions étaient prêchées, chantées, priées, débattues et interprétées. Leur forme reflète leur fonction: elles étaient destinées à être entendues, comprises et transmises.

En nous penchant sur les formes sous lesquelles la tradition de Jésus a été préservée – récits de miracles qui inspirent l'émerveillement, récits de déclarations qui incitent à la décision, paraboles qui ouvrent l'imagination et paroles pleines de sagesse – nous commençons à apprécier non seulement le contenu de l'Évangile, mais aussi sa forme et sa puissance communautaires. L'Église primitive ne s'est pas contentée de préserver des informations sur Jésus; elle a témoigné de lui de manière à ce qu'il soit possible de s'en souvenir, de le vivre et de le partager.

La critique formelle nous invite à ce processus. Elle nous aide à entendre les Évangiles avec une oreille nouvelle, non seulement en tant que lecteurs, mais aussi en tant que participants d'une tradition qui se perpétue encore. Les récits qui résonnaient autrefois dans les collines de Galilée et les églises de maison continuent de façonner des vies, de susciter la réflexion et d'inviter à la foi. En comprenant leur forme, nous acquérons une plus grande appréciation de leur fonction de paroles transformatrices et vivantes, prononcées il y a longtemps et qui résonnent encore aujourd'hui.

Chapitre 6
Critique littéraire, narrative et de la réponse du lecteur

Introduction: Lire les Évangiles comme des histoires

Pour une grande partie des études modernes sur l'Évangile, l'interprétation s'est concentrée sur les sources, les formes et la rédaction, c'est-à-dire sur ce qui se cache derrière le texte. De quelles traditions les évangélistes ou les auteurs des Évangiles ont-ils hérité? Quelles sources ont-ils utilisées? Comment les paroles orales ont-elles été préservées et transmises? Ces approches ont apporté des éclairages importants, mais avec le temps, les chercheurs ont commencé à se poser de nouvelles questions: et si nous nous concentrions sur les Évangiles tels qu'ils sont, et non seulement tels qu'ils ont été composés? Et si nous les traitions comme des œuvres littéraires, des récits élaborés, dotés d'une intrigue, de personnages et d'une structure?

Ces questions ont donné naissance à la critique littéraire et narrative, approches qui interprètent les Évangiles comme des récits cohérents et intentionnels, et non comme de simples documents historiques ou supports de la tradition. Parallèlement, la critique basée sur la réaction du lecteur a déplacé l'attention de l'auteur et de la source vers le rôle du lecteur, explorant comment le sens est façonné non seulement par le texte, mais aussi par les communautés d'interprétation et les contextes dans lesquels il est reçu.

Ces méthodes ont prospéré ces dernières décennies, transformant l'approche académique et dévotionnelle des Évangiles. Elles invitent les lecteurs à une interaction dynamique avec le texte, en prêtant attention à la manière dont les histoires sont racontées, aux stratégies narratives employées et à la manière dont ils sont positionnés pour interpréter, questionner, voire participer au drame qui se déroule.

Ce chapitre présentera les principaux enseignements de la critique narrative, de l'analyse littéraire et des approches basées sur la réaction du lecteur, montrant comment ces méthodes offrent de nouvelles perspectives d'approche des Évangiles synoptiques. Loin de remettre en cause les préoccupations historiques, elles les complètent, révélant la richesse théologique et l'art rhétorique des évangélistes. Grâce à une attention particulière portée à l'intrigue, à la caractérisation, à la perspective, à l'ironie et à la réception, nous en venons à considérer les Évangiles non seulement comme des témoignages du passé, mais aussi comme des récits puissants qui façonnent la foi, l'identité et l'imagination.

Critique narrative: découvrir le monde de l'histoire

La critique narrative part du constat que les Évangiles sont des histoires – non pas au sens de fiction, mais de récits structurés et intentionnels, avec un début, un milieu et une fin. Ils contiennent des personnages, des décors, des conflits, des résolutions et une voix narrative. Ils guident le lecteur à travers une intrigue soigneusement structurée, l'invitant à voir et à ressentir ce que le narrateur souhaite lui faire remarquer.

Cette approche a véritablement émergé à la fin du XXe siècle, avec des chercheurs tels que R. Alan Culpepper (*Anatomy of the Fourth Gospel,* adapté plus tard pour les Synoptiques), Robert Tannehill (*The Narrative Unity of Luke-Acts*) et David Rhoads (*Mark as Story*). Ces chercheurs ont souligné que les Évangiles ne sont pas des assemblages aléatoires de traditions, mais des œuvres littéraires unifiées qui utilisent les outils du récit pour communiquer la vérité théologique.

Les concepts clés de la critique narrative incluent l'intrigue, la caractérisation, le temps et l'espace narratifs, le point de vue et le positionnement du lecteur. L'intrigue fait référence au mouvement du récit: la manière dont les événements sont organisés et dont la tension monte et se résorbe. Chez Marc, par exemple, l'intrigue évolue rapidement et avec urgence vers la croix. L'identité de Jésus est enveloppée de mystère, ses disciples ne parviennent pas à la comprendre, et la fin (Marc 16,8) est notoirement abrupte. Cette structure renforce le thème central de Marc: Jésus est le Fils de Dieu souffrant, révélé le plus clairement dans sa mort.

La caractérisation fonctionne souvent de manière indirecte. Jésus n'est pas révélé par une description physique, mais par ses actions, ses dialogues et les réactions des autres. Les disciples sont souvent dépeints avec ambiguïté: fidèles mais imparfaits, choisis mais confus. Des personnages comme la femme hémorragique (Luc 8), Bartimée (Marc 10) ou le centurion sur la croix (Matthieu 27) font souvent preuve de perspicacité et de foi, contrairement aux autorités religieuses attendues. Ces représentations entraînent le lecteur dans le texte, l'invitant à réfléchir à ce que signifie voir, croire et suivre.

L'espace et le temps narratifs ont également une portée théologique. Le voyage de Galilée à Jérusalem, notamment dans le long "récit de voyage" de Luc (Lc 9,51-19,27), n'est pas seulement géographique; il symbolise le cheminement du disciple et la mission prophétique. Le temps peut être comprimé ou allongé, selon l'axe narratif. Des événements comme la Transfiguration, qui n'occupent que quelques versets, peuvent revêtir une importance théologique considérable, révélant l'identité divine dans un instant de vision lumineuse.

Une caractéristique particulièrement importante de la critique narrative est l'attention portée au narrateur et au lecteur implicites. Le narrateur contrôle les informations transmises, la manière dont les personnages sont présentés et les moments où l'ironie ou l'ambiguïté peuvent s'exprimer. Le lecteur implicite est le public auquel le texte s'adresse: quelqu'un qui est censé comprendre certaines références culturelles ou scripturaires, sympathiser avec certains personnages et en questionner d'autres. Par exemple, lorsque Jésus demande: "Qui dites-vous que je suis?" (Marc 8,29), la question s'adresse aux disciples, mais aussi au lecteur, qui a bénéficié d'une meilleure compréhension que les personnages du récit. Cette technique, appelée ironie dramatique, ouvre un espace de réflexion, de confession et même d'introspection.

La critique narrative présente ainsi les Évangiles comme des drames théologiques soigneusement élaborés, où le sens ne se trouve pas seulement dans les paroles individuelles, mais dans la manière dont l'histoire se déroule, dont les personnages se développent et dont les lecteurs sont entraînés dans le voyage du discipulat.

Critique littéraire: thèmes, structure et symbolisme

Étroitement liée à la critique narrative, la critique littéraire aborde les Évangiles avec les outils plus larges de l'analyse littéraire. Elle explore les thèmes, le symbolisme, la métaphore, l'intertextualité et les stratégies rhétoriques. Cette approche considère les Évangiles non seulement comme des documents théologiques, mais aussi comme des œuvres littéraires, utilisant des techniques reconnaissables pour communiquer du sens.

L'accent est mis sur la répétition et la structure. Matthieu, par exemple, organise son Évangile en cinq grands blocs d'enseignement (chapitres 5-7, 10, 13, 18, 23-25), souvent introduits par une formule telle que "Lorsque Jésus eut achevé ces paroles…". Cette structure fait probablement écho aux cinq livres de Moïse, présentant Jésus comme le nouveau législateur, un enseignant dont les paroles sont investies d'une autorité divine. Les critiques littéraires soulignent également comment les paraboles, les béatitudes et les malheurs sont regroupés et équilibrés pour un effet rhétorique.

L'Évangile de Marc utilise l'intercalation, ou "prise en sandwich", où un récit est inséré au milieu d'un autre. Ce procédé invite les lecteurs à interpréter les deux récits l'un par rapport à l'autre. Un exemple célèbre se trouve dans Marc 5, où Jésus est en chemin pour guérir la fille de Jaïrus lorsqu'il est interrompu par la femme atteinte d'hémorragie. La combinaison de ces récits de guérison approfondit le thème de la foi, de l'interruption et de la restauration, montrant comment la puissance de Jésus atteint les personnes désespérées et marginalisées.

La critique littéraire s'intéresse également au symbolisme et à la métaphore. Chez Luc, lumière et ténèbres, pauvreté et renversement, joie et épanouissement sont des motifs récurrents. La communion à la table de Jésus est plus qu'une simple hospitalité: elle symbolise le royaume inclusif qui accueille les pécheurs et les étrangers. La route, la maison, la vigne et la mer sont plus que des espaces physiques: elles fonctionnent souvent comme des paysages métaphoriques, encadrant des rencontres entre divin et humain.

L'un des atouts de la critique littéraire est de permettre une lecture des Évangiles comme des ensembles cohérents et ingénieux, sans fragmenter le texte en traditions isolées. Elle complète les méthodes historiques en aidant le lecteur à comprendre comment la théologie est ancrée dans la forme, le flux et l'atmosphère du texte lui-même. Les Évangiles ne se contentent pas de relater les actions et les paroles de Jésus: ce sont des récits soigneusement racontés sur sa personne, conçus pour susciter l'écho, la foi et la transformation.

Critique de la réponse du lecteur: le rôle du lecteur dans la création de sens

Alors que la critique narrative et littéraire met l'accent sur la construction des récits, la critique de la réaction du lecteur met l'accent sur son rôle dans la construction du sens. Cette approche est issue des développements de la théorie littéraire à la fin du XXe siècle, notamment des travaux de chercheurs tels que Wolfgang Iser, Stanley Fish et, dans le domaine des études bibliques, Norman Petersen et Edgar McKnight. Elle ne se contente pas de se demander: "Que dit le texte?", mais "Comment le lecteur perçoit-il et interprète-t-il le texte, et comment les différents contextes façonnent-ils cette expérience?"

Les critiques de la réaction du lecteur soutiennent que les textes ne sont pas des contenants statiques de sens. Ils constituent plutôt des invitations dynamiques, ouvertes à l'engagement, à l'interprétation, voire à la contestation. Le sens ne réside pas uniquement dans l'intention de l'auteur ou dans la structure formelle du texte, mais émerge de l'interaction entre le texte et le lecteur, façonnée par son appartenance culturelle, ses questions et ses attentes.

Cette approche est particulièrement fructueuse dans l'étude de l'Évangile, car les Évangiles synoptiques sont des récits riches en textures, conçus pour susciter une réponse. Les lecteurs ne sont pas des observateurs neutres: ils sont plongés dans l'univers du récit, invités à s'identifier aux personnages, à méditer sur les questions de Jésus, à ressentir les tensions et à prendre des décisions. Les paraboles, en particulier, fonctionnent comme des textes ouverts, incitant à la réflexion plutôt qu'à prescrire une doctrine. Par exemple, la parabole du semeur (Marc 4,1-20) ne se contente pas d'informer: elle invite le lecteur à examiner sa propre réceptivité à la Parole. Le sens du récit se dévoile différemment selon qui l'entend et d'où il vient.

La critique par la réponse du lecteur ouvre également un espace à la pluralité des interprétations. Un disciple juif de Jésus au Ier siècle, un évêque nord-africain du IVe siècle, un moine médiéval, une théologienne féministe moderne et un lecteur laïc rural du Sud peuvent tous lire le même texte avec des questions différentes et y trouver des significations différentes. Plutôt que de considérer cela comme un problème, la théorie par la réponse du lecteur y voit une force. Les Évangiles sont des textes vivants, ancrés dans l'histoire, mais réceptifs à la lecture guidée par l'Esprit de diverses communautés.

Dans cette approche, les chercheurs s'intéressent également à la manière dont le texte positionne le lecteur. Les Évangiles amènent souvent les lecteurs à s'identifier à certains personnages, parfois à ceux qui échouent ou s'interrogent, comme Pierre, les disciples ou la foule. Ces identifications favorisent l'empathie, l'humilité et l'introspection. Parfois, le lecteur acquiert plus de connaissances que les personnages (ironie dramatique), comme dans le récit de la Passion selon Marc. D'autres fois, le lecteur se retrouve avec des questions sans réponse, comme dans la fin énigmatique de Marc 16,8. Ces stratégies narratives créent une expérience de lecture active plutôt que passive, entraînant le lecteur dans le processus d'interprétation.

La critique par la réponse du lecteur nous rappelle ainsi que l'interprétation est toujours contextuelle, relationnelle et participative. Elle résiste à l'idée d'un sens unique et fixe et invite le lecteur à s'engager dans le texte comme une rencontre, un dialogue et un espace de réflexion spirituelle, éthique et théologique.

Conclusion: Lire les Évangiles comme témoignage littéraire et théologique

Le recours à la critique littéraire, narrative et critique des réactions des lecteurs a marqué un profond changement dans les études évangéliques: on est passé de la fouille à l'engagement, de l'analyse du contexte à l'attention portée au fonctionnement du texte dans sa forme actuelle et sa réception. Ces méthodes n'ont pas remplacé les outils historico-critiques; elles offrent plutôt un ensemble complémentaire de perspectives permettant de comprendre les Évangiles comme des récits élaborés, qui s'adressent avec force et persuasion à leurs lecteurs.

La critique narrative nous a permis de percevoir les Évangiles comme cohérents, dramatiques et savamment construits. Nous avons appris à suivre le fil conducteur du récit, à prêter attention au développement des personnages et à prêter attention à l'interaction entre le décor, le timing et le ton. Nous avons compris que la théologie n'est pas toujours énoncée, mais souvent montrée – par l'intrigue, l'ironie et l'interaction.

La critique littéraire a attiré notre attention sur les thèmes, les schémas, les structures et les symboles, nous aidant à comprendre comment la répétition, la métaphore et la rhétorique contribuent à approfondir le sens théologique. Elle nous rappelle que les auteurs des Évangiles n'étaient pas seulement des théologiens et des historiens, mais aussi des artistes de la parole, utilisant des outils littéraires pour susciter la compréhension et la transformation.

La critique des lecteurs, quant à elle, nous invite à réfléchir à la manière dont le sens émerge de la lecture. Elle nous invite à lire non seulement pour comprendre le sens du texte, mais aussi pour ce qu'il signifie pour nous, ici et maintenant, dans la communauté, dans le culte et dans la vie. Elle honore la diversité des points de vue au sein de l'Église mondiale et encourage l'humilité, l'ouverture et l'écoute de l'Esprit dans l'interprétation.

Ensemble, ces approches nous rappellent que les Évangiles synoptiques ne parlent pas seulement de Jésus: ils sont écrits pour nous façonner en tant que ses disciples. Ils racontent des histoires non seulement pour informer, mais aussi pour former. Ils interpellent, réconfortent, provoquent et inspirent. Ils parlent non seulement du passé, mais aussi du présent, nous invitant à suivre la voie de Jésus, l'imagination éveillée, les convictions approfondies et le cœur en harmonie avec l'histoire de l'avènement du Royaume de Dieu dans le monde.

Chapitre 7
Approches postcoloniales, libérationnistes et contextuelles

Introduction: Lire depuis les marges

Pendant une grande partie de l'histoire chrétienne, l'interprétation biblique a été façonnée par des contextes occidentaux, masculins et eurocentriques, souvent déconnectés des luttes des peuples opprimés et marginalisés. Ces dernières décennies, cependant, de nouveaux courants d'interprétation de l'Évangile ont émergé, ancrés dans les expériences vécues de souffrance, de résistance et d'espoir. Ces lectures – qu'elles soient qualifiées de postcoloniales, de libérationnistes, de féministes, de féministes, queer ou contextuelles – insistent sur le fait que les Évangiles ne sont pas des textes neutres, ni que leurs interprètes sont détachés de toute situation sociale. Au contraire, les Évangiles synoptiques sont des textes de pouvoir, de protestation et de promesse, dont le sens se découvre en dialogue avec les contextes réels d'injustice et d'aspiration.

Ce chapitre explore diverses approches qui interprètent les Évangiles synoptiques du point de vue de ceux qui se situent aux confins de l'histoire. Ces lectures prennent au sérieux l'univers impérial et politique de Jésus, la radicalité de ses enseignements et de ses actions, et la pertinence contemporaine de son message pour les communautés confrontées à l'exploitation, à la violence et à l'exclusion. Qu'elles soient façonnées par la théologie de la libération latino-américaine, la critique postcoloniale africaine, la pensée féministe asiatique ou l'herméneutique noire et queer, ces approches appellent l'Église et le monde universitaire à lire avec les yeux ouverts sur l'empire, l'injustice et l'Esprit libérateur de Dieu.

Les Évangiles et l'Empire: une lecture à contre-courant

L'Empire romain occupe une place importante derrière les Évangiles synoptiques. Jésus est né, a vécu et a été crucifié sous la domination romaine. Il a été salué comme "Fils de Dieu" et "Seigneur", titres revendiqués par César. Son message du "royaume de Dieu" remettait en question la vision dominante de puissance, de paix et d'ordre proclamée par Rome. Pourtant, pendant des siècles, l'interprétation des Évangiles a souvent ignoré ce contexte impérial, spiritualisant le message de Jésus et le détachant des réalités politiques de son monde.

Au cours des dernières décennies, les chercheurs ont de plus en plus souligné les dimensions anti-impériales des Évangiles. Richard Horsley, dans des ouvrages tels que *Jesus and Empire* soutient que la proclamation du règne de Dieu par Jésus constituait une confrontation directe avec les structures du pouvoir impérial. Ses guérisons, ses repas, ses exorcismes et ses paraboles fonctionnaient tous comme des actes de résistance, affirmant l'autorité divine contre la domination romaine et ses facilitateurs locaux. Warren Carter, dans *Matthew and Empire,* montre comment l'Évangile de Matthieu subvertit le langage impérial, présentant Jésus – et non César – comme le véritable Fils de Dieu, porteur de paix et souverain des nations.

Les lectures postcoloniales poursuivent ce travail en s'interrogeant sur la manière dont les Évangiles résistent et reflètent la logique impériale. Des chercheurs comme RS Sugirtharajah et Tat-siong Benny Liew explorent comment les lectures coloniales et néocoloniales des Écritures ont perpétué l'oppression, souvent en alignant Jésus sur l'empire plutôt que sur la résistance. Ils mettent les interprètes au défi de décoloniser leurs lectures, de repérer où l'idéologie impériale s'infiltre dans le texte ou sa réception, et de se réapproprier les Évangiles comme textes de libération pour les colonisés et les dépossédés.

Ces approches ne négligent pas la profondeur théologique des Évangiles; elles l'approfondissent. Elles nous rappellent que les Évangiles racontent l'histoire d'un homme crucifié, exécuté par l'État, dont les fidèles ont proclamé la résurrection comme la justification de Dieu. Il s'agit d'une histoire profondément politique, qui continue de parler avec force dans les contextes d'occupation militaire, de violence policière, d'exploitation économique et de mouvements de résistance à travers le monde.

Lectures libératrices: L'espoir évangélique d'en bas

La théologie de la libération est apparue en Amérique latine dans les années 1960 et 1970, façonnée par les expériences de pauvreté, de dictature et d'inégalités économiques. Des théologiens comme Gustavo Gutiérrez (*A Theology of Liberation*), Leonardo Boff et José Míguez Bonino ont soutenu que la théologie ne doit pas partir d'un dogme abstrait, mais de l'expérience vécue des pauvres, et que l'Écriture doit être lue du point de vue de ceux qui subissent l'injustice. De ce point de vue, les Évangiles deviennent une source de critique prophétique et d'espoir, révélant un Dieu qui se range du côté des opprimés et appelle à une transformation radicale.

Dans les lectures libératrices, Jésus apparaît comme un libérateur et un prophète, celui qui annonce la bonne nouvelle aux pauvres, libère les opprimés et dénonce les systèmes d'inégalité. Le Sermon sur la plaine selon Luc (6,20-26), avec ses bénédictions pour les pauvres et ses malheurs pour les riches, devient un texte central. Des paraboles comme celle du Riche et de Lazare (Lc 16,19-31) ou celle des Ouvriers de la vigne (Mt 20,1-16) sont interprétées non pas comme des contes moraux, mais comme des réinventions révolutionnaires de la justice, de l'économie et de la dignité.

L'interprétation libératrice n'est pas seulement analytique, elle est orientée vers la pratique. Elle insiste sur le fait que l'interprétation biblique doit conduire à l'action: organisation, plaidoyer et solidarité avec les marginalisés. Les Évangiles sont lus dans les communautés populaires, en prison, dans les bidonvilles et dans la rue, non pas comme une source d'évasion, mais comme un appel à un disciplat libérateur.

La théologie de la libération s'est répandue bien au-delà de l'Amérique latine, s'enracinant dans la théologie noire, la théologie dalit, la théologie minjung et d'autres mouvements à travers le monde. Dans chaque cas, les Évangiles synoptiques deviennent une parole vivante au cœur des luttes, une source de résistance, de réinvention et de résurrection.

Critique postcoloniale: décentrer le dominant

La critique postcoloniale s'appuie sur les réflexions de la théologie de la libération, mais adopte une approche plus littéraire et culturelle, analysant la manière dont les textes et les lecteurs sont façonnés par l'héritage du colonialisme et de l'empire. Elle examine non seulement la résistance des Évangiles à l'empire, mais aussi la manière dont ils ont été utilisés, consciemment ou non, pour justifier la conquête, l'esclavage et la subjugation.

Les critiques postcoloniaux se demandent: qui parle dans ce texte? Quelle perspective est centrée? Qui est réduit au silence, effacé ou marginalisé? Ils observent comment les marqueurs ethniques, culturels et géographiques fonctionnent pour inclure ou exclure. Ils explorent comment les textes bibliques ont été instrumentalisés dans les contextes colonisés et comment ils pourraient désormais être récupérés et réinterprétés depuis les marges.

Kwok Pui-lan, dans *Postcolonial Imagination and Feminist Theology,* exhorte les lecteurs à prendre au sérieux la voix des femmes asiatiques, des communautés autochtones et de celles qui vivent aux confins de l'empire. Elle remet en question les interprétations dominantes de l'identité et de la mission de Jésus, en quête d'une théologie plus inclusive et hybride. Musa Dube, du Botswana, critique les interprétations missionnaires qui ont dépouillé les communautés africaines de leur dignité et de leur culture, et propose une lecture décoloniale des Évangiles qui prône la guérison, la restauration et la sagesse autochtone.

Les lectures postcoloniales se méfient souvent des prétentions universalisantes. Elles insistent sur le fait que toute interprétation est contextuelle et que les voix de ceux qui étaient auparavant exclus – femmes, peuples colonisés, communautés asservies, identités diasporiques – doivent désormais être au cœur de l'érudition biblique. Elles nous rappellent que Jésus lui-même était un sujet colonisé, vivant sous occupation, s'exprimant depuis la périphérie et remettant en question les systèmes de domination religieuse et politique.

Interprétations féministes, féministes et queer: reconquérir les marges

Alors que les lectures postcoloniales et libératrices se concentrent principalement sur les dimensions sociales, politiques et économiques de l'oppression, les lectures féministes, womanistes et queer des Évangiles synoptiques s'intéressent plus particulièrement aux questions de genre, de sexualité, de pouvoir et de voix. Ces approches remettent en question les structures patriarcales qui ont longtemps façonné l'interprétation biblique, en attirant l'attention sur les expériences et les points de vue des femmes, des femmes noires en particulier, et des personnes LGBTQ+, tant dans le texte que parmi ses interprètes.

La critique féministe s'interroge sur la manière dont les femmes sont représentées dans les Évangiles, dont leurs rôles sont racontés et comment les lectures traditionnelles ont souvent ignoré ou diminué leur capacité d'action. Des spécialistes comme Elisabeth Schüssler Fiorenza, dans *In Memory of Her*, soutiennent que les premières communautés chrétiennes comprenaient des disciples et des dirigeantes actives, et que la mémoire de ces femmes a été supprimée ou déformée dans la tradition théologique ultérieure. Les Évangiles synoptiques, bien qu'écrits dans des cultures patriarcales, contiennent de nombreux récits dans lesquels les femmes font preuve d'une foi, d'une perspicacité et d'un courage profonds, que ce soit dans la femme souffrant d'une hémorragie qui cherche la guérison (Marc 5), la femme syro-phénicienne qui défie Jésus (Marc 7), ou les femmes qui restent près de la croix et deviennent les premiers témoins de la résurrection (Marc 15-16; Mt 28; Lc 24).

La théologie womaniste, issue de l'expérience vécue des femmes afro-américaines, approfondit cette critique en s'intéressant aux intersections de la race, de la classe et du genre. Des chercheuses womanistes telles que Renita Weems, Delores Williams et Clarice Martin explorent comment les femmes noires ont souvent été effacées du discours théologique et comment les récits évangéliques peuvent être récupérés comme ressources de résilience, de survie et de valeur sacrée. Par exemple, la persistance de la femme au vase d'albâtre (Luc 7,36-50) ou la complainte des femmes de Jérusalem (Luc 23,27-31) deviennent des points d'entrée pour une lecture de l'Écriture comme solidarité avec la souffrance et dignité dans la résistance.

La critique biblique queer adopte une perspective différente, interrogeant la manière dont les hypothèses sur le genre et la sexualité ont façonné l'interprétation et la manière dont les textes bibliques peuvent être lus de manière à affirmer les vies et les identités queer. Des chercheurs comme Tat-siong Benny Liew, Ken Stone et Teresa Hornsby remettent en question les lectures hétéronormatives des Écritures, explorent la fluidité des rôles de genre et des corps dans les Évangiles, et s'interrogent sur la manière dont les interactions de Jésus avec les personnes marginalisées modélisent une inclusion radicale. Certaines interprétations mettent l'accent sur l'ambiguïté de certaines relations, l'hospitalité offerte aux eunuques et aux étrangers, ou la queerisation du pouvoir dans le rejet de la domination par Jésus et son acceptation de la vulnérabilité.

Ensemble, les lectures féministes, womanistes et queer des Évangiles synoptiques proposent non seulement une critique, mais aussi une reconstruction. Elles insistent sur le fait que l'interprétation n'est jamais neutre, que le silence et l'effacement doivent être dénoncés, et que l'Évangile de Jésus-Christ s'exprime avec plus de force lorsqu'il élève la voix des marginalisés, affirme le caractère sacré de tous les corps et de toutes les identités, et remet en question les structures, anciennes et modernes, qui perpétuent l'exclusion et le préjudice.

Approches contextuelles de l'Église mondiale

L'interprétation des Évangiles synoptiques a également été dynamisée par des voix venues des pays du Sud, où les communautés lisent les Écritures non seulement à travers des prismes académiques, mais aussi à travers l'urgence des réalités vécues. En Afrique, l'interprétation biblique est souvent façonnée par les valeurs communautaires, la narration orale et la mémoire ancestrale. Des chercheurs tels que Madipoane Masenya et Musa Dube mettent en avant des lectures qui abordent le VIH/sida, l'injustice économique, la violence sexiste et les traumatismes postcoloniaux. Dans ces lectures, Jésus apparaît comme un guérisseur et un restaurateur, et l'Évangile comme une source d'espoir et de solidarité face à la souffrance.

En Asie, les interprètes mettent en avant les thèmes de la diaspora, de l'hybridité, de la famille et de la résistance aux structures coloniales et patriarcales. Des personnalités comme Kwok Pui-lan, Gale Yee et Jung Young Lee explorent la manière dont les textes évangéliques croisent l'éthique confucéenne, l'identité communautaire et les réalités de l'expérience des immigrants et des Américains d'origine asiatique. L'intérêt de Jésus pour l'étranger, le paria et le vulnérable résonne profondément dans les cultures marquées par la fragmentation, la migration et la négociation culturelle.

En Amérique latine, l'Évangile a longtemps été lu à travers le prisme de la pauvreté, des luttes autochtones et des droits fonciers. Les récits de Jésus, notamment ses guérisons, ses exorcismes et ses paraboles de renversement, sont interprétés comme des signes de libération, appelant les communautés à résister à l'oppression et à œuvrer pour la justice. Les interprétations chrétiennes autochtones lisent souvent les Évangiles à la lumière de la spiritualité territoriale, de l'identité collective et des visions du monde décolonisées, affirmant l'Évangile comme un appel à la restauration et à l'épanouissement communautaire.

Ces lectures contextuelles globales ne se contentent pas de compléter l'interprétation traditionnelle: elles décentrent le regard occidental, remettant en question les monocultures théologiques et insistant sur la pluralité et la résilience du sens de l'Évangile au-delà des langues, des cultures et des histoires. Elles nous rappellent que le Jésus des Évangiles parle de nombreuses langues, parcourt de nombreux chemins et continue de se révéler partout où les gens ont soif de justice, de guérison et d'espoir.

Conclusion: L'interprétation comme libération et responsabilité

Les lectures postcoloniales, libératrices et contextuelles des Évangiles synoptiques ne s'écartent pas de l'interprétation fidèle, mais marquent un retour à la radicalité de la tradition évangélique. Elles restituent la voix des blessés, des réduits au silence, des exclus – ceux-là mêmes que Jésus a toujours mis au centre de son ministère. Elles nous rappellent que Jésus ne parlait pas depuis les sphères du pouvoir, mais depuis les collines, les places publiques, les marges. Il rompait le pain avec les pécheurs, interpellait les dirigeants corrompus, guérissait les brisés et parlait en paraboles qui rompaient la complaisance et révélaient le cœur de Dieu.

Ces approches incitent les interprètes modernes à lire avec une conscience éthique, à examiner leurs propres situations de privilège ou de précarité, et à se demander: quelles voix sont absentes de nos interprétations? Quelles expériences sont ignorées? Quelles hypothèses intégrons-nous au texte – et à qui servent-elles?

Lire les Évangiles aujourd'hui n'est pas seulement une tâche académique, c'est un acte moral et communautaire. Les Évangiles synoptiques ne se limitent pas à ce que Dieu a fait alors; ils nous invitent à discerner ce que Dieu fait aujourd'hui. Ils proclament un royaume où les pauvres sont bénis, les affamés sont rassasiés et les derniers sont les premiers. Ils parlent d'un Seigneur crucifié dont la résurrection n'est pas une consolation privée, mais une déclaration cosmique que la vie renaîtra là où l'empire a tenté de tuer.

Lire avec la libération à l'esprit ne signifie pas que toute interprétation doive être politique, au sens partisan. Cela signifie que chaque lecture est responsable – envers la communauté, envers les personnes souffrantes, envers l'espoir de justice et envers l'Évangile lui-même. C'est un appel à l'interprétation comme solidarité, comme résistance et comme foi en la résurrection.

Chapitre 8
Comparaison des évangiles synoptiques

Introduction: Voir ensemble, écouter distinctement

Le terme "synoptique" signifie "vus ensemble". Matthieu, Marc et Luc sont appelés les Évangiles synoptiques car ils présentent un récit remarquablement similaire de la vie, du ministère, de la mort et de la résurrection de Jésus. Leur structure commune, leurs récits qui se chevauchent et leur formulation souvent quasi identique permettent de les lire côte à côte dans un synopsis évangélique. Pourtant, le lecteur attentif remarque rapidement que ces Évangiles, bien que étroitement liés, sont aussi remarquablement distincts: par leur vocabulaire, leur structure narrative, leur accent théologique et la représentation de Jésus et de ses disciples.

Ce chapitre invite les lecteurs à explorer à la fois les points communs et les profils théologiques uniques de chaque Évangile. Il propose une étude comparative qui met en évidence les principaux points communs (comme la triple tradition), les thèmes distinctifs (comme le royaume de Dieu, le discipulat et la christologie) et les traits caractéristiques de la présentation de Jésus par chaque évangéliste. Cette comparaison nous permet de comprendre que les Évangiles synoptiques ne sont pas des récits répétitifs, mais des témoignages complémentaires: trois voix, chacune façonnée par des communautés et des convictions particulières, témoignant du même Jésus de manières différentes mais résonnantes.

Matériel partagé et modèles narratifs

Les Évangiles synoptiques présentent une remarquable similitude dans leur structure narrative générale. Tous trois commencent (en effet) par le baptême de Jésus, décrivent son ministère en Galilée, décrivent un voyage à Jérusalem et culminent avec la passion, la crucifixion et la résurrection. Ces événements fondamentaux constituent l'ossature de la tradition synoptique, et leur cohérence suggère que les évangélistes se sont inspirés de traditions communes – orales et écrites – et ont cherché à présenter l'histoire de Jésus selon une séquence largement reconnaissable.

Ce matériel commun est particulièrement évident dans ce que les spécialistes appellent la "triple tradition" – des passages qui apparaissent dans les trois Évangiles. Parmi les exemples, on peut citer le baptême de Jésus (Marc 1,9-11 // Mt 3,13-17 // Lc 3,21-22), l'alimentation des cinq mille (Marc 6,30-44 // Mt 14,13-21 // Lc 9,10-17), la transfiguration et la majeure partie du récit de la Passion. Ces récits sont souvent relatés avec une formulation similaire en grec, suggérant une dépendance littéraire, comme décrit au chapitre 2.

Matthieu et Luc partagent également des éléments absents de Marc, comme les Béatitudes, le Notre Père et des paraboles comme celle de la brebis perdue et celle des bâtisseurs sages et insensés. Cette "double tradition" est un élément clé de l'hypothèse des deux sources et pourrait provenir de la source hypothétique Q. Cependant, même dans ces passages communs, Matthieu et Luc diffèrent sensiblement par l'ordre, le cadrage et la formulation, révélant leurs priorités éditoriales et théologiques.

En revanche, chaque Évangile contient également un contenu unique. Matthieu inclut la visite des mages, le Sermon sur la montagne et un enseignement développé sur l'Église (Mt 16,18-19;

18,15-20). Luc propose les paraboles du Bon Samaritain et du Fils prodigue, un récit de naissance étendu avec le Magnificat de Marie et le Benedictus de Zacharie, et met l'accent sur la prière, le Saint-Esprit et l'inclusion. Marc, bien que le plus court, inclut des détails narratifs saisissants, une aura d'urgence et un ton de mystère et d'ambiguïté qui le distingue.

Ces schémas suggèrent non seulement une tradition commune, mais aussi une interprétation théologique créative. Les évangélistes ne se sont pas contentés de consigner ce qui leur a été transmis; ils l'ont remodelé à la lumière des préoccupations, des espoirs et des identités de leurs communautés. La comparaison nous permet d'honorer l'unité et la diversité de leur témoignage.

Thèmes théologiques en comparaison

Bien que les Évangiles synoptiques partagent une histoire commune, ils mettent en évidence des aspects différents de cette histoire. Ces différences ne sont pas des contradictions; ce sont des accents théologiques, chacun éclairant la personne et la mission de Jésus sous un angle unique.

Royaume de Dieu est un thème central des trois Évangiles. Marc introduit le ministère public de Jésus par une déclaration sur l'urgence du royaume: "Le temps est accompli, et le royaume de Dieu est proche" (Marc 1,15). Matthieu développe ce thème en utilisant l'expression "royaume des cieux" (une circonlocution juive révérencieuse) et en présentant l'enseignement de Jésus, notamment dans le Sermon sur la montagne, comme le fondement éthique de la vie au royaume. Luc dépeint le royaume en insistant sur le renversement et l'inclusion, annonçant la Bonne Nouvelle aux pauvres, la libération des captifs et l'élévation des humbles (Luc 4,18-19; 6,20-26). Dans les synoptiques, le royaume est à la fois présent et futur, personnel et social, éthique et apocalyptique.

Le discipulat est un autre thème clé. Les trois Évangiles présentent Jésus appelant ses disciples à quitter famille, profession et sécurité pour le suivre. Mais ils développent ce thème de manières distinctes. Marc souligne le coût et la difficulté du discipulat, dépeignant les disciples comme lents à comprendre et souvent à côté de l'essentiel. Dans Matthieu, les disciples sont plus compétents, et Jésus est présenté comme un enseignant, les formant par un enseignement structuré. Luc présente le discipulat comme un cheminement de transformation, mettant souvent en avant l'hospitalité, la prière et la direction du Saint-Esprit.

Chaque Évangile développe également une christologie distincte. Marc dépeint Jésus comme le Fils de l'homme souffrant, dont l'identité est voilée et révélée principalement par la croix. Matthieu met l'accent sur Jésus comme l'accomplissement de l'Écriture, le nouveau Moïse et celui qui mène à son terme l'histoire d'Israël. Luc met en avant Jésus comme un prophète oint de l'Esprit, un ami des marginalisés et l'inaugurateur d'une nouvelle ère de salut. Ces portraits théologiques ne s'excluent pas mutuellement, mais ils reflètent des accents différents, chacun façonné par l'Écriture, la tradition et le contexte pastoral.

Caractéristiques littéraires, vocabulaire et emphase

Outre leurs différences thématiques, les Évangiles synoptiques présentent des styles littéraires et un vocabulaire distincts, reflétant les objectifs théologiques de chaque évangéliste. Ces variations aident les lecteurs non seulement à apprécier chaque Évangile selon ses propres termes, mais aussi à comprendre comment narration et objectif théologique vont de pair.

Le style de Marc est réputé pour sa vivacité et son rythme soutenu. Il privilégie des constructions de phrases simples, l'usage fréquent du mot grec *euthus* ("immédiatement") et un récit d'une urgence haletante. Son Évangile est riche en action, passant souvent rapidement d'un événement à l'autre. Marc y inclut de nombreux personnages secondaires, des réactions émotionnelles et une ironie dramatique. Les disciples se méprennent à plusieurs reprises sur Jésus, et le récit se conclut non pas par un triomphe, mais par l'ambiguïté et la peur (Marc 16,8). Ces caractéristiques reflètent l'accent théologique mis par Marc sur le mystère et le prix de la vie de disciple, la souffrance du Messie et le défi de suivre Jésus face à l'incompréhension et à la peur.

L'Évangile de Matthieu est plus formel, structuré et didactique. C'est le plus ouvertement juif des synoptiques, rempli de citations scripturaires, de formules d'accomplissement et de références à la loi et aux coutumes juives. Matthieu préfère l'expression "royaume des cieux", probablement par respect pour le nom divin, et organise une grande partie de l'enseignement de Jésus en discours structurés, notamment le Sermon sur la montagne (chap. 5-7), le discours missionnaire (chap. 10) et les paraboles du royaume (chap. 13). Le vocabulaire est souvent plus raffiné et raffiné que celui de Marc, et le ton est celui d'un rabbin ou d'un scribe formant une nouvelle communauté. Le Jésus de Matthieu est un enseignant et un interprète de la Torah, celui qui appelle à une justice qui dépasse l'observance superficielle pour atteindre les exigences plus profondes de l'amour et de la justice.

L'Évangile de Luc est marqué par son élégance, son ampleur et son inclusivité. Le grec est plus raffiné que chez Marc ou Matthieu, et Luc écrit avec le style d'un historien hellénistique (comme le suggère son introduction en Luc 1,1-4). Il utilise fréquemment des récits parallèles, des chants poétiques (comme le Magnificat et le Benedictus) et de longues sections narratives, notamment le récit de voyage (Luc 9,51-19,27), qui présente le voyage de Jésus à Jérusalem comme un pèlerinage théologique. Luc accorde également une grande importance au Saint-Esprit, au rôle des femmes, à la prière et au renversement – élever les humbles et abaisser les orgueilleux. Son Jésus est une figure compatissante et prophétique, qui apporte le salut aux étrangers et proclame un Évangile de joie et de justice.

Chaque évangéliste apporte ainsi une voix littéraire et une vision théologique uniques à l'histoire commune de Jésus. Leurs choix de structure, de ton, de vocabulaire et de développement narratif invitent le lecteur à écouter attentivement et à voir la même histoire sous différents angles, tout comme un diamant révèle différentes facettes selon la façon dont on le met en lumière.

Études de cas comparatives

Pour comprendre comment ces distinctions évangéliques fonctionnent concrètement, nous pouvons examiner quelques histoires parallèles clés, en observant comment chaque évangéliste adapte et interprète la tradition commune. Ces études de cas mettent en évidence non seulement les variations textuelles, mais aussi des engagements théologiques plus profonds.

Le baptême de Jésus

Dans Marc 1,9-11, le baptême est décrit avec concision et dramatisme. Jésus vient de Galilée, est baptisé par Jean et voit immédiatement les cieux s'ouvrir et l'Esprit descendre comme une colombe. Une voix s'adresse directement à Jésus: "Tu es mon Fils bien-aimé." Marc souligne l'identité divine de Jésus et la rupture entre le ciel et la terre, suggérant le caractère apocalyptique de sa mission.

Le récit de Matthieu (3,13-17) élargit la scène en incluant un dialogue entre Jésus et Jean. Jean proteste, affirmant qu'il devrait être baptisé par Jésus. Jésus répond: "Laisse faire maintenant, car il convient que nous accomplissions ainsi tout ce qui est juste." Cet échange détourne les éventuelles inquiétudes quant aux raisons du baptême de Jésus, sans péché, et souligne son rôle de serviteur obéissant qui accomplit la volonté de Dieu et les Écritures.

La version de Luc (3,21-22) est encore plus concise, omettant complètement l'implication de Jean et mettant l'accent sur la prière de Jésus et la descente de l'Esprit. La voix céleste s'exprime de manière similaire, mais s'inscrit dans le thème plus large de Luc, celui de l'affirmation divine et de la puissance de l'Esprit. La scène introduit les thèmes de la mission prophétique, de la dépendance dans la prière et de la direction divine, récurrents tout au long du livre de Luc et des Actes.

La Transfiguration

Les trois synoptiques relatent la Transfiguration (Marc 9,2-8; Matthieu 17,1-8; Luc 9,28-36), au cours de laquelle Jésus apparaît dans la gloire, accompagné de Moïse et d'Élie, et confirmé par une voix céleste. Dans Marc, l'accent est mis sur la crainte des disciples, le mystère de l'événement et l'ordre de Jésus de garder le silence jusqu'à la résurrection. Cela poursuit le thème martien du "secret messianique": Jésus ne doit pas être compris comme un simple thaumaturge ou un chef triomphant.

Matthieu ajoute d'importants éléments d'interprétation. Il précise que les disciples tombent face contre terre, effrayés, et sont rassurés par Jésus. La voix dit non seulement "Celui-ci est mon Fils", mais ajoute: "Écoutez-le", faisant écho à Deutéronome 18,15 et renforçant Jésus comme le prophète promis, à l'instar de Moïse. L'accent est mis sur la révélation divine et l'autorité de Jésus comme interprète de la volonté de Dieu.

Le récit de Luc met l'accent sur la conversation de Jésus avec Moïse et Élie au sujet de son "départ" (exode) qu'il s'apprêtait à accomplir à Jérusalem; un lien évident entre ce moment de gloire et les souffrances à venir. Luc note également que les disciples étaient endormis, faisant écho à Gethsémani, et que Pierre parle sans comprendre. L'accent est mis non seulement sur l'identité de Jésus, mais aussi sur la continuité entre sa souffrance et sa mission, un thème majeur chez Luc.

Le récit de la passion

Les récits synoptiques de la Passion décrivent tous l'arrestation, le procès, la crucifixion et la mort de Jésus, mais leur ton et leur cadre théologique diffèrent.

Marc présente la passion avec une intensité brute. Jésus, abandonné par ses disciples, moqué par les spectateurs, s'écrie du haut de la croix, angoissé: "Mon Dieu, mon Dieu, pourquoi m'as-tu abandonné?" (Marc 15,34). Il n'y a pas d'apparition de résurrection, et les femmes fuient, effrayées. Le Jésus de Marc souffre profondément, incarnant le scandale et le prix de la croix.

Matthieu conserve une grande partie de la structure de Marc, mais y ajoute de puissants signes apocalyptiques: le voile du temple se déchire, un tremblement de terre se produit et les tombeaux s'ouvrent (Mt 27,51-53). Ces détails soulignent la portée cosmique de la mort de Jésus et l'accomplissement de la prophétie. Le centurion s'exclame: "Vraiment, cet homme était Fils de Dieu !" (Mt 27,54), faisant écho au thème de la reconnaissance et de l'accomplissement de Matthieu.

Le récit de la Passion selon Luc est plus posé et empreint de grâce. Jésus est dépeint comme maître de lui-même, pardonnant à ses bourreaux ("Père, pardonne-leur"), réconfortant le brigand repentant ("Aujourd'hui, tu seras avec moi au paradis") et confiant son esprit à Dieu avec paix ("Père, entre tes mains je remets mon esprit"). Luc met l'accent sur la compassion divine, la souffrance innocente et l'extension du salut jusqu'à la dernière heure.

Ces exemples comparatifs montrent comment les Évangiles synoptiques, tout en partageant la même histoire fondamentale, offrent des portraits théologiques distincts de Jésus, chacun façonné par des préoccupations et des contextes particuliers. Les évangélistes ne se contredisent pas: ils interprètent ensemble, nous aidant à saisir la profondeur et la plénitude de l'Évangile.

Pourquoi l'étude comparative est importante

Comparer les Évangiles synoptiques n'est pas un simple exercice académique: c'est une pratique de discernement théologique, d'appréciation littéraire et d'attention spirituelle. En comparant Matthieu, Marc et Luc, nous commençons à voir non seulement ce qu'ils partagent, mais aussi ce qu'ils soulignent, ce qu'ils réinterprètent et comment ils forment des communautés à travers des voix théologiques distinctes.

Cette approche comparative honore la diversité au sein de l'unité qui caractérise le Nouveau Testament. L'Église primitive n'a pas conservé un seul Évangile. Elle en a canonisé quatre, reconnaissant qu'aucun récit ne pouvait à lui seul épuiser le sens de la vie et du message de Jésus. Les différences entre les synoptiques ne sont pas des problèmes à résoudre ou à aplanir; ce sont des dons à recevoir, offrant des perspectives complémentaires sur le mystère du Christ.

En comparant les Évangiles, nous comprenons mieux comment la théologie fonctionne sous forme narrative. Nous voyons que le Jésus de Matthieu est un enseignant qui accomplit la Torah, que le Jésus de Marc est un Fils de Dieu souffrant qui appelle ses disciples à une conversion coûteuse, et que le Jésus de Luc est un prophète de compassion et de changement. Chaque Évangile, à sa manière, proclame le royaume de Dieu et invite à une réponse de foi, mais la forme de cette invitation varie, offrant un espace à diverses expressions de discipulat.

L'étude comparative approfondit également notre compréhension de la manière dont les évangélistes ont façonné leurs écrits. Comme nous l'avons vu au chapitre 4, chaque auteur a retravaillé des traditions antérieures, notamment Marc, pour répondre aux questions et aux besoins de sa propre communauté. Par la rédaction, l'agencement et les choix narratifs, ils ont communiqué non seulement des faits sur Jésus, mais aussi des cadres d'interprétation qui ont façonné l'identité, le culte et la mission. En comparant leurs récits, nous apprenons comment la théologie s'exprime non seulement dans le contenu, mais aussi dans la manière dont les histoires sont racontées.

Enfin, la lecture comparative cultive une posture d'humilité. Elle nous rappelle qu'aucune voix ni communauté ne détient le monopole de la vérité. À une époque qui privilégie souvent la certitude et l'uniformité, les Évangiles synoptiques nous apprennent à vivre avec la complexité, à apprécier les nuances et à écouter au-delà des différences. Ils illustrent une forme de dialogue théologique où l'unité n'est pas l'uniformité, et où la vérité se révèle par le dialogue et la multiplicité.

Demandes d'enseignement, de prédication et de formation

Pour ceux qui enseignent, prêchent ou dirigent des communautés de foi, l'étude comparative des Évangiles synoptiques offre des outils pratiques pour un engagement et une formation plus approfondis. Elle encourage les interprètes à ralentir leur rythme, à poser de meilleures questions et à guider les autres dans l'appréciation des voix singulières des Écritures.

Au sanctuaire, dans un cadre de dévotion ou d'étude, et en classe, l'utilisation d'un synopsis de l'Évangile ou de textes parallèles permet aux lecteurs de découvrir des schémas par eux-mêmes. Ils apprennent à remarquer les variations de formulation, de structure et d'accent théologique, et à comprendre leur signification. La lecture comparative aiguise l'esprit critique et aide les lecteurs attentifs à aller au-delà des lectures superficielles ou de l'harmonisation.

Lors de la prédication, les accents distincts de chaque Évangile peuvent façonner le ton et l'orientation de la proclamation. Un sermon selon Matthieu pourrait explorer Jésus comme enseignant et accomplissement; un sermon selon Marc pourrait souligner l'urgence, l'ambiguïté et la condition de disciple sous pression; un sermon selon Luc pourrait mettre l'accent sur la miséricorde divine, la joie et l'hospitalité. Reconnaître ces différences aide les prédicateurs à éviter les messages génériques et à proclamer le texte avec authenticité et clarté.

Dans la formation spirituelle, la lecture des Synoptiques cultive comparativement l'attention. Elle aide les individus et les communautés à découvrir comment différents aspects de l'identité et de la mission de Jésus s'adressent aux différentes étapes de la vie. Aux personnes souffrantes, le Jésus de Marc peut offrir solidarité et force. Aux personnes incertaines, le Jésus de Luc peut apporter joie et réconfort. À celles et ceux en quête de sagesse, le Jésus de Matthieu peut apporter guide et ancrage. Ces voix s'unissent – non pas en compétition, mais en chœur – pour façonner un discipulat complet.

Conclusion: Une symphonie de témoignages

Matthieu, Marc et Luc forment ensemble une symphonie de témoignages théologiques: trois voix distinctes mais harmonieuses qui proclament la bonne nouvelle du règne de Dieu à travers l'histoire de Jésus-Christ. Leurs similitudes nous plongent dans la mémoire commune de l'Église primitive. Leurs différences nous invitent à explorer la richesse et l'étendue du sens de l'Évangile.

Comparer les Évangiles synoptiques, c'est devenir un meilleur auditeur: plus attentif aux différences de langage, plus sensible aux nuances, plus ouvert à l'Esprit qui parle à travers la multiplicité. C'est entrer dans un dialogue transtemporel et communautaire, où le visage du Christ apparaît sous de multiples facettes: maître, prophète, guérisseur, libérateur, Messie crucifié, Seigneur ressuscité.

Dans un monde divisé, les Évangiles synoptiques offrent non seulement la vérité, mais aussi un modèle de diversité théologique, soudée par une confession commune. Ils nous rappellent que l'Évangile n'est pas unidimensionnel. C'est une parole vivante, racontée et redite, remémorée et réimaginée, exprimée à nouveau dans chaque contexte. En écoutant ces trois évangélistes, nous sommes invités à trouver notre place

dans leur histoire et à témoigner par notre propre voix
du Dieu qui parle encore.

Chapitre 9
Les Évangiles synoptiques et les Écritures hébraïques

Introduction: Une histoire, plusieurs échos

Dès les premiers versets du Nouveau Testament, il apparaît clairement que les évangélistes ne perçoivent pas l'histoire de Jésus comme quelque chose d'entièrement nouveau. Ils la présentent plutôt comme le point culminant d'une histoire bien plus ancienne: celle d'Israël, des promesses de Dieu, du peuple de l'alliance, de la loi, des prophètes et de l'espoir de la rédemption. Pour les auteurs de Matthieu, Marc et Luc, la vie, la mort et la résurrection de Jésus ne prennent tout leur sens qu'à la lumière des Écritures d'Israël, connues des chrétiens sous le nom d'Ancien Testament.

Tout au long des Évangiles synoptiques, les Écritures hébraïques sont citées, évoquées et reprises de manières à la fois subtiles et explicites. Ces liens scripturaires ne sont pas de simples ornements; ils sont au cœur des affirmations théologiques des évangélistes. Ils façonnent la manière dont le public est censé comprendre Jésus: sa généalogie, sa naissance, sa mission, ses enseignements, ses souffrances et sa résurrection. Ils présentent également son histoire comme une histoire d'accomplissement et de continuité, même s'il propose de nouvelles interprétations et des appels radicaux.

Ce chapitre explore les multiples interactions entre les Évangiles synoptiques et la Bible hébraïque: citations explicites, échos implicites, schémas typologiques et relectures théologiques. L'étude de ces liens nous permet de mieux comprendre comment les premières communautés chrétiennes percevaient Jésus comme étant à la fois ancré dans la tradition juive et la transformant de l'intérieur.

Citations et accomplissement dans Matthieu

Parmi les évangélistes synoptiques, Matthieu est le plus explicite dans son utilisation des Écritures hébraïques. Dès la généalogie d'ouverture (Mt 1,1-17), qui retrace la lignée de Jésus par David et Abraham, Matthieu présente Jésus comme l'aboutissement de l'histoire d'Israël. Son emploi fréquent de la formule "Cela devait accomplir ce qui avait été dit par le prophète..." témoigne de son intention: montrer que les événements de la vie de Jésus étaient anticipés dans les Écritures.

L'Évangile de Matthieu comprend au moins une douzaine de citations d'accomplissement, chacune reliant un événement spécifique de la vie de Jésus à un texte prophétique. Lorsque Jésus naît d'une vierge, Matthieu cite Isaïe 7,14 ("La vierge concevra et enfantera un fils") comme s'étant accompli dans cet événement (Mt 1,22-23). Lorsqu'Hérode massacre les nourrissons, Matthieu s'appuie sur Jérémie 31,15 ("Rachel pleure ses enfants") pour situer cette horreur dans la douleur de l'exil (Mt 2,17-18). Lorsque Jésus commence son ministère en Galilée, Matthieu y voit l'accomplissement de la prophétie d'Isaïe annonçant qu'une grande lumière brillera sur le pays de Zabulon et de Nephtali (Mt 4,14-16; Is 9,1-2).

Ces citations ont une fonction à la fois apologétique et théologique. Elles assurent aux lecteurs judéo-chrétiens de Matthieu que croire en Jésus n'implique pas d'abandonner les Écritures; au contraire, elle en révèle le sens profond. Parallèlement, ces textes d'accomplissement montrent que l'histoire de Jésus n'est pas un accident de l'histoire, mais s'inscrit dans le plan de Dieu, promis de longue date pour Israël et le monde.

Matthieu aborde également la typologie, présentant Jésus comme un nouveau Moïse et un nouvel Israël. La fuite en Égypte et le retour (Mt 2,13-15) font écho à l'Exode. La tentation dans le désert reflète l'épreuve d'Israël (Mt 4,1-11; Dt 6-8). Le Sermon sur la montagne évoque le Sinaï, avec Jésus gravissant la montagne pour délivrer l'enseignement divin. Ainsi, Matthieu montre Jésus non seulement accomplissant une prophétie, mais aussi rejouant et rachetant l'histoire d'Israël.

Cadre scripturaire et allusions implicites dans Marc

Marc, bien que moins explicite dans son utilisation des Écritures que Matthieu, intègre néanmoins la Bible hébraïque à son récit de manière profonde et sophistiquée. Marc ouvre son Évangile non pas par un récit de naissance, mais par un collage scripturaire: "Selon ce qui est écrit dans le prophète Isaïe" (Marc 1,2-3). La citation est en réalité un composite de Malachie 3,1 et d'Isaïe 40,3, signalant la préparation prophétique de la venue de Dieu et donnant le ton à l'Évangile comme accomplissement de la promesse divine.

Tout au long de Marc, des allusions à l'Ancien Testament apparaissent en arrière-plan des actions et des paroles de Jésus. Lorsque Jésus enseigne en paraboles, il fait écho à Isaïe 6, où le prophète est invité à parler d'une manière qui endurcit les cœurs (Marc 4,10-12). Lorsque Jésus entre à Jérusalem sur un ânon, Marc invoque Zacharie 9,9, où un roi humble vient apporter la paix. Lorsque Jésus est crucifié et s'écrie: "Mon Dieu, mon Dieu, pourquoi m'as-tu abandonné?"

(Marc 15,34), il cite le Psaume 22,1, reliant sa souffrance à la lamentation du juste souffrant.

Les allusions de Marc sont souvent subtiles et symboliques, exigeant une attention particulière. La déchirure du voile du temple à la mort de Jésus (Marc 15,38) peut suggérer un nouvel accès à la présence de Dieu, un dévoilement apocalyptique ou l'accomplissement de prophéties de jugement et de renouveau. L'emploi du terme "Fils de l'homme" tout au long de l'Évangile s'inspire de Daniel 7, où un personnage céleste reçoit autorité et justification après avoir souffert.

Bien que Marc cite moins directement les passages bibliques, son Évangile est imprégné d'images scripturaires, façonnant une théologie dans laquelle la vie et la mort de Jésus récapitulent et réinterprètent l'histoire sacrée d'Israël. Pour Marc, Jésus est le Messie caché, le Juste souffrant et le Fils de l'homme eschatologique, tous ancrés dans les espoirs et les textes des Écritures d'Israël.

L'utilisation liturgique et théologique des Écritures par Luc

Parmi les évangélistes synoptiques, Luc intègre l'Écriture non seulement par des citations et des allusions, mais aussi à travers une perspective profondément liturgique et théologique. Son Évangile est imprégné du langage, de la structure et des thèmes des Écritures hébraïques telles qu'elles sont formulées dans la Septante grecque, souvent articulées par des chants, des prières et des discours qui ressemblent aux Psaumes et aux écrits prophétiques.

Les récits de l'enfance de Luc (Luc 1-2) en sont un parfait exemple. Les personnages de Zacharie, Marie, Siméon et Anne parlent et agissent comme des figures du passé d'Israël. Leurs chants de louange – le

Benedictus, le Magnificat, le Gloria et le Nunc Dimittis – regorgent de citations, d'échos et de motifs théologiques tirés des Psaumes, d'Isaïe et d'autres livres prophétiques. Ces textes situent la naissance de Jésus dans un continuum de promesses divines, le présentant comme l'accomplissement de l'alliance de Dieu avec Israël, en particulier de sa miséricorde envers les pauvres et de sa fidélité envers Abraham.

Luc 4,16–30 offre un autre exemple frappant. Jésus lit Ésaïe 61 dans la synagogue de Nazareth et déclare: "Aujourd'hui, cette parole de l'Écriture que vous venez d'entendre est accomplie." Le passage qu'il lit décrit la Bonne Nouvelle aux pauvres, la libération des captifs et l'année de grâce du Seigneur – une proclamation qui devient la déclaration de mission de Jésus dans Luc. Pourtant, la réaction violente du peuple anticipe aussi le rejet prophétique, un thème récurrent dans l'Évangile et les Actes.

Luc est également profondément sensible à la théologie de la promesse et de l'accomplissement. Le "il faut" (grec: *dei*, "il est nécessaire") revient tout au long de l'Évangile, notamment en référence aux souffrances, à la mort et à la résurrection de Jésus. Après la résurrection, Jésus interprète son histoire aux disciples sur le chemin d'Emmaüs: "Commençant par Moïse et par tous les prophètes, il leur expliqua dans toutes les Écritures ce qui le concernait" (Luc 24,27). Plus tard, il leur dit: "Il fallait que s'accomplît tout ce qui est écrit de moi dans la loi de Moïse, dans les prophètes et dans les psaumes" (24,44).

La présentation de Jésus par Luc s'appuie non seulement sur les Écritures, mais réoriente également leur lecture. Jésus est présenté comme la clé qui ouvre le sens complet de l'histoire d'Israël. En lui, les espoirs prophétiques de délivrance, d'inclusion, de renversement et de rédemption trouvent leur accomplissement, non pas en abolissant l'ancien, mais en le menant à son achèvement dans une nouvelle ère de l'histoire du salut.

Typologie et structuration théologique dans les Évangiles synoptiques

Au-delà de la citation directe et de la citation explicite, les Évangiles synoptiques s'engagent souvent dans une interprétation typologique - une approche théologique qui considère les modèles, les événements ou les figures dans les Écritures d'Israël comme préfigurant et préfigurant les réalités accomplies dans la vie de Jésus.

La typologie diffère de la prédiction. Il ne s'agit pas d'affirmer que l'Ancien Testament "prédit" consciemment Jésus au sens strict, mais que l'histoire de Jésus fait écho et rejoue le récit plus vaste de l'œuvre de Dieu dans l'histoire. Le passé devient un modèle, que le présent imprègne d'une signification nouvelle.

L'Évangile de Matthieu est particulièrement riche en typologie. Jésus y est présenté comme un nouveau Moïse: il échappe à un dirigeant tyrannique alors qu'il est encore enfant, séjourne en Égypte, passe par l'eau lors du baptême, gravit une montagne pour enseigner et établit une communauté d'alliance. Sa généalogie (Mt 1) le place au sommet de l'histoire d'Israël. Ses cinq discours majeurs reflètent les cinq livres de la Torah. Matthieu utilise également l'exil et le retour d'Israël comme cadre typologique de la vie de Jésus: "J'ai appelé mon fils hors d'Égypte" (Mt 2,15; cf. Os 11,1) désigne à la fois Israël et Jésus.

Marc, bien que moins programmatique, inclut également des éléments typologiques. Jésus est dépeint comme le juste souffrant, faisant écho aux Psaumes et aux Cantiques du Serviteur d'Isaïe. Son parcours reflète celui des prophètes: rejeté dans sa ville natale, incompris des siens, abandonné face à la mort. La déchirure du voile du temple à sa mort peut être lue typologiquement comme la fin de l'ordre ancien et l'inauguration d'un nouvel accès à la présence de Dieu (Marc 15,38).

Luc utilise la typologie pour retracer l'histoire du salut, de la création à la croix et à la résurrection, puis à l'Église primitive dans les Actes. Jésus est l'aboutissement de la tradition prophétique d'Israël, mais aussi le début d'une mission universelle, atteignant les Gentils et les extrémités de la terre. Les fréquentes références de Luc à Élie et à Élisée, son utilisation d'Isaïe et l'accent qu'il met sur l'accomplissement des Écritures relient la vie et l'œuvre de Jésus à un long récit de l'activité divine, désormais prolongé par l'Église investie de la puissance de l'Esprit.

La typologie approfondit ainsi le sens théologique des Évangiles synoptiques. Elle présente Jésus non pas comme une interruption divine, mais comme le point culminant d'une histoire en mouvement depuis longtemps, dans laquelle Dieu demeure fidèle, cohérent et créatif, apportant une vie nouvelle à travers des schémas familiers.

Conclusion: Les Évangiles comme accomplissement et transformation

Les Évangiles synoptiques sont des textes profondément et intentionnellement intertextuels. Ils ne peuvent être lus indépendamment des Écritures d'Israël – non seulement comme un document de référence, mais comme un élément essentiel de leur signification, de leur message et de leur mission. La Bible hébraïque ne se contente pas de préparer les Évangiles; elle en constitue la langue, la vision du monde et le terreau théologique.

Lire attentivement les Évangiles synoptiques, c'est entendre la voix de Moïse, des prophètes et des psalmistes résonner à travers les paroles et les actes de Jésus. Le royaume qu'il annonce est l'accomplissement du désir d'Israël. L'identité qu'il revendique s'enracine dans les promesses de David, la souffrance du Serviteur et la sagesse des sages. La communauté qu'il forme ne se construit pas à la place d'Israël, mais à partir de ses espoirs, élargie et transformée pour inclure toutes les nations.

Pourtant, cet accomplissement n'est pas une répétition. Jésus réinterprète la loi, propose des paraboles radicales, appelle à une justice plus profonde et accueille les exclus et les ennemis. Il incarne une lecture des Écritures à la fois fidèle et surprenante, qui honore le passé sans s'y limiter. Sa résurrection devient l'acte ultime de relecture, ouvrant les Écritures de manières nouvelles pour révéler que la souffrance mène à la gloire et la mort à la vie.

Pour les lecteurs contemporains, cette riche interaction entre les Évangiles et les Écritures hébraïques nous invite à un dialogue permanent avec l'ensemble des Écritures. Elle nous invite à considérer l'Ancien et le Nouveau Testament non pas comme des livres séparés, mais comme des témoignages imbriqués du caractère, des desseins et de la fidélité de Dieu. Et elle nous appelle à lire toute l'Écriture à la lumière de Jésus, celui en qui les promesses de Dieu sont oui et amen.

Chapitre 10
Femmes, genre et pouvoir dans les Évangiles synoptiques

Introduction: Voir les femmes, nommer le pouvoir

Les Évangiles synoptiques racontent des histoires de guérison, de libération et d'avènement du royaume de Dieu. Ce sont des récits où les frontières sont franchies, les hiérarchies remises en question et où les derniers sont les premiers. Dans ces récits, les femmes apparaissent plus fréquemment et de manière plus significative que ce que les idées reçues traditionnelles ont souvent laissé entendre. Elles sont présentes comme bénéficiaires de guérison, comme voix prophétiques, comme questionneuses audacieuses, comme disciples fidèles et comme témoins de la crucifixion et de la résurrection. Pourtant, elles sont aussi anonymes, négligées et souvent évoquées plutôt que partagées.

Ce chapitre explore la représentation des femmes et les dynamiques de genre et de pouvoir dans les Évangiles synoptiques. Il s'interroge sur la place des femmes dans le récit, sur les interactions de Jésus avec elles et sur ce que les Évangiles suggèrent sur le statut social, l'inclusion et la communauté des disciples. S'appuyant sur une lecture attentive et sur les réflexions d'interprètes féministes et féministes, ce chapitre montrera comment les Évangiles reflètent les réalités patriarcales du premier siècle et offrent des ressources pour la libération, l'affirmation et la réinvention théologique.

En nous penchant sur ces récits, nous faisons plus que retrouver des figures oubliées: nous percevons la logique radicale du royaume de Dieu, où les oubliés sont élevés et les puissants abaissés. Ces récits invitent les lecteurs contemporains à se demander non seulement comment les femmes étaient perçues à l'époque de Jésus, mais aussi comment elles sont perçues – et se perçoivent elles-mêmes – dans l'Église et dans le monde d'aujourd'hui.

Les femmes dans le monde narratif des Évangiles

Les Évangiles synoptiques nous présentent une série de personnages féminins, certains nommés, beaucoup anonymes, qui apparaissent à des moments cruciaux de la vie et du ministère de Jésus. Si les hommes dominent l'espace public du récit – pharisiens, disciples, dirigeants et foules –, les femmes interviennent souvent comme des perturbateurs, leur présence réorientant le récit, révélant des vérités plus profondes ou révélant la nature du discipulat plus clairement que les actions des Douze.

Certaines femmes sont nommées: Marie, la mère de Jésus, joue un rôle central dans les récits de la naissance de Matthieu et de Luc. Dans Luc, Marie répond à l'ange Gabriel par une obéissance fidèle et prononce le Magnificat, un chant radical de renversement et de libération (Luc 1,46-55). Marie-Madeleine, avec d'autres femmes de Galilée, est nommée comme disciple, témoin de la crucifixion et personnage clé des récits de la résurrection (Marc 15,40-41; Mt 28,1-10; Luc 24,1-11). Sa présence dans les quatre Évangiles à ces moments culminants souligne son importance apostolique, même si sa représentation ultérieure dans la tradition ecclésiastique la réduit souvent à une caricature du péché sexuel.

Le plus souvent, les femmes sont anonymes, mais elles sont significatives sur les plans narratif et théologique. La femme ensanglantée de Marc 5,25-34 (également dans Matthieu et Luc) tend la main pour toucher le manteau de Jésus, pleine d'espoir et de désespoir. Elle est non seulement guérie physiquement, mais elle est publiquement confirmée: "Ma fille, ta foi t'a sauvée." Son histoire est un puissant témoignage de persévérance, de foi et de reconnaissance de la dignité, notamment face à l'impureté rituelle et à l'exclusion sociale.

Dans Luc 7,36–50, une "femme pécheresse" oint les pieds de Jésus de larmes et de parfum, tandis qu'un pharisien remet en question sa présence et sa valeur. Jésus la défend, interprète ses actes comme de l'amour et de la foi, et la considère sous l'angle du pardon plutôt que selon les critères du pharisien et d'autres. Ainsi, cette histoire remet en question les barrières sociales et redéfinit la justice, non pas par le statut juridique ou le genre, mais par l'humilité, l'hospitalité et l'amour.

Même dans les paraboles, les femmes sont présentes. Jésus compare le royaume de Dieu à une femme pétrissant du levain pour en faire de la pâte (Mt 13,33; Lc 13,20-21), à une femme cherchant une pièce perdue (Lc 15,8-10) ou à une veuve obstinée qui réclame justice à un juge réticent (Lc 18,1-8). Ces récits élèvent l'expérience domestique et l'action féminine au rang d'analogies théologiques, affirmant que la vérité divine se révèle dans la vie et les actions des femmes autant que dans celles des hommes.

Les interactions de Jésus avec les femmes: perturbation et restauration

Dans les Évangiles synoptiques, les interactions de Jésus avec les femmes sont systématiquement marquées par le respect, l'attention et une compassion sans bornes. Dans une culture où la ségrégation entre les sexes était courante et où les voix féminines étaient souvent ignorées, Jésus s'adresse directement aux femmes, les touche, les accueille, écoute leurs préoccupations et loue leur foi.

Il répond par la guérison à la femme courbée de Luc 13, la qualifiant de "fille d'Abraham" – un titre de dignité et d'inclusion dans l'alliance. Il parle de la veuve de Sarepta (Luc 4,26) comme d'une bénéficiaire de la faveur divine et remarque son offrande au temple (Marc 12,41-44; Luc 21,1-4), érigeant son maigre don en acte de véritable générosité. Ces récits contrastent fortement avec le comportement de l'élite religieuse, souvent dépeinte comme orgueilleuse, avide ou indifférente.

La conversation la plus frappante est peut-être celle de Jésus avec la Syro-Phénicienne en Marc 7,24-30 (parallèle à Matthieu 15,21-28). Au début, Jésus refuse sa demande de guérison, invoquant sa mission auprès des enfants d'Israël. Elle répond avec audace et humour, réclamant même les miettes de la table. Jésus honore sa foi et accède à sa requête. Cette scène a troublé de nombreux interprètes, mais des spécialistes féministes comme Mitzi Smith et Ched Myers y voient un moment de transformation dialogique – un espace où Jésus est remis en question et où les limites de sa mission sont repoussées par la voix d'une femme.

Dans ces interactions, Jésus ne se contente pas d'inclure les femmes: il leur permet de redéfinir les termes de la conversation, d'agir comme théologiennes, disciples et révélatrices de la vérité. Son affirmation constante de leur présence remet en question les préjugés anciens et modernes sur qui parle, qui dirige et qui appartient.

Genre, pouvoir social et réalités intersectionnelles

Pour bien saisir la manière dont les Évangiles synoptiques abordent la question du genre, il est essentiel de comprendre les structures sociales du monde antique, et notamment son lien avec le statut, la pureté et le pouvoir. Dans la société palestinienne du Ier siècle, comme dans une grande partie du monde gréco-romain, le patriarcat était normatif. Les hommes détenaient l'autorité au sein du foyer, du leadership religieux, de la vie publique et des affaires juridiques. Le rôle des femmes se limitait largement à la sphère domestique, et leur honneur était principalement lié à la chasteté, à l'obéissance et au silence en public.

Pourtant, dans ce système restrictif, les femmes n'étaient pas uniformes. Les rôles sociaux étaient déterminés par la classe sociale, l'origine ethnique, le statut matrimonial, l'âge et même les conditions rituelles. Une riche veuve de Jérusalem possédait bien plus de capital social qu'un jeune paysan galiléen célibataire. Une femme atteinte d'une perte de sang, comme celle guérie par Jésus, ne souffrait pas seulement physiquement: elle était rituellement impure, économiquement vulnérable et probablement isolée.

C'est là que l'intersectionnalité devient essentielle. Formé par Kimberlé Crenshaw et développé dans la théologie féministe, l'intersectionnalité désigne la manière dont de multiples axes d'identité et d'oppression – tels que la race, le genre et la classe – interagissent pour façonner l'expérience. Dans les Évangiles synoptiques, nous voyons des réalités intersectionnelles à l'œuvre: des femmes doublement marginalisées, tant par leur genre que par leur condition sociale. La femme souffrant d'hémorragie, la mère syrophénicienne et la veuve aux deux pièces ne sont pas seulement des "femmes" dans une société patriarcale:

elles sont pauvres, malades, étrangères ou exclues de bien d'autres manières.

En mettant en avant ces réalités croisées, les lecteurs d'aujourd'hui peuvent mieux comprendre la nature radicale du ministère de Jésus. Il ne se contente pas de considérer les femmes comme une catégorie générale; il répond aux besoins concrets de femmes spécifiques, façonnées par de multiples niveaux de vulnérabilité. Il les traite avec dignité, attire l'attention sur leur foi et leur courage, et les place au cœur du récit à des moments d'une profonde importance théologique, notamment à la croix et au tombeau vide.

Interprétations féministes, féministes et queer

Les biblistes féministes soulignent depuis longtemps la nécessité de retrouver et d'amplifier la voix des femmes dans les Écritures. Des figures comme Elisabeth Schüssler Fiorenza, Amy-Jill Levine et Sharon Ringe critiquent les présupposés patriarcaux qui ont façonné les textes bibliques et leur interprétation, tout en révélant des voix contraires dans les Évangiles: des femmes qui résistent, parlent, agissent et dirigent. Elles soulignent l'importance rhétorique et théologique de femmes comme la femme hémorragique, celle qui oint Jésus et les femmes au tombeau.

Les lectures féministes révèlent également les limites de l'exégèse traditionnelle, qui a trop souvent spiritualisé, ignoré ou domestique le rôle des femmes. Par exemple, la femme anonyme qui oint Jésus dans Marc 14 est décrite par Jésus comme ayant "accompli une belle œuvre" et préparant son corps pour l'enterrement. Pourtant, dans de nombreuses lectures, son acte est rejeté comme sentimental ou excessif. L'interprétation féministe insiste sur le fait qu'elle est un témoin prophétique, quelqu'un qui comprend la mort de Jésus plus clairement que ses disciples masculins.

L'interprétation womaniste, ancrée dans l'expérience des femmes noires, apporte des perspectives supplémentaires. Des chercheuses comme Renita Weems, Delores Williams et Wil Gafney explorent comment la race, la classe sociale et la survie influencent la manière dont les femmes sont représentées dans les Évangiles et dont elles les lisent. Les lectures womanistes accordent une attention particulière à la capacité d'agir face à l'oppression, au pouvoir de la mémoire et à la sagesse spirituelle des oubliés. Elles nous invitent à considérer les femmes non seulement comme des bénéficiaires passives de la grâce, mais comme des co-créatrices de perspectives théologiques et des participantes actives au déroulement de l'histoire de Dieu.

Les lectures queer des Évangiles synoptiques invitent à une réflexion plus approfondie sur la manière dont les présupposés sur le genre et la sexualité façonnent le texte et son interprétation. Des chercheurs tels que Tat-siong Benny Liew et Ken Stone s'interrogent sur la manière dont les normes de masculinité, de famille et de respectabilité sociale sont subverties ou réimaginées dans le ministère de Jésus. Le célibat de Jésus, la formation de réseaux de parenté alternatifs et son adhésion aux déviances sociales remettent en question les binarités rigides et ouvrent un espace à la fluidité, à l'accueil et à la redéfinition.

Ces approches interprétatives ne concordent pas toujours et ne doivent pas être considérées comme interchangeables. Cependant, prises ensemble, elles offrent un cadre solide, axé sur la justice et théologiquement fécond pour une lecture des Évangiles synoptiques, avec une attention renouvelée au rôle des femmes, à la fonction du genre et à l'appel à l'inclusion et à la libération de chaque génération.

Conclusion: Réimaginer le discipulat en compagnie des femmes

Les Évangiles synoptiques, lus attentivement et en tenant compte des structures sociales, révèlent un monde où le pouvoir et le genre sont contestés, reconfigurés et réimaginés. Jésus ne se contente pas d'inclure les femmes dans son ministère; il les place au cœur de certains de ses moments les plus marquants. Elles sont un modèle de foi là où d'autres vacillent, proclament la bonne nouvelle là où d'autres se taisent et incarnent le discipulat avec courage, perspicacité et amour.

Pourtant, les Évangiles reflètent aussi les cultures patriarcales dans lesquelles ils ont été écrits. Les femmes sont souvent anonymes, leurs voix sont relayées par d'autres, et leurs actions ne sont pas toujours pleinement prises en compte dans l'interprétation. Le défi pour les lecteurs modernes est de lire ces textes avec à la fois honnêteté critique et imagination théologique, en reconnaissant à la fois les limites et le potentiel libérateur du témoignage évangélique.

S'intéresser aux femmes, au genre et au pouvoir dans les Évangiles synoptiques ne revient pas à imposer des préoccupations modernes aux textes anciens. Il s'agit de mieux saisir la dimension radicale du message de Jésus, la nature subversive du royaume qu'il proclamait et la dignité qu'il accordait à tous ceux qui le suivaient, sans distinction de genre, de statut ou d'attentes sociales.

Ce travail d'interprétation est important pour l'Église aujourd'hui. Il façonne notre compréhension du leadership, de la communauté, de l'incarnation et de la voix. Il remet en question les systèmes qui marginalisent et réduisent au silence ceux qui excluent. Et il nous appelle à bâtir une communauté de disciples qui reflète la vision inclusive, révolutionnaire et éprise de justice de celui qui a dit: "Quiconque fait la volonté de Dieu est mon frère, ma sœur et ma mère" (Marc 3,35).

Chapitre 11
Empire, politique et résistance dans les Évangiles synoptiques

Introduction: L'Évangile à l'ombre de l'Empire

Lire les Évangiles synoptiques sans tenir compte de leur contexte politique revient à passer à côté de l'une de leurs dimensions les plus importantes. Jésus n'a pas été crucifié pour une abstraction théologique ou une intuition mystique. Il a été exécuté par un gouverneur romain pour dissident public – quelqu'un qui perturbait l'ordre, attirait les foules et était accusé de revendiquer la royauté dans un monde où seul César régnait.

Les Évangiles ne s'étendent pas longuement sur les rouages du pouvoir romain, mais chaque page en est imprégnée. Le ministère de Jésus se déroule sous occupation impériale, sur un territoire gouverné par des rois clients, des collecteurs d'impôts et des soldats romains. Symboles et tensions politiques – pièces de monnaie à l'effigie de César, patrouilles militaires, collaboration des élites religieuses – imprègnent le paysage. Dans ce contexte, l'annonce que "le royaume de Dieu est proche" (Marc 1,15) n'était pas un simple slogan spirituel. C'était une revendication politique, qui remettait en question les récits, les structures et les valeurs de l'empire.

Ce chapitre explore la manière dont les Évangiles synoptiques interagissent avec l'empire, explicitement et implicitement. Il examine comment les enseignements, les actions et la mort de Jésus interagissent avec le pouvoir romain, comment les auteurs des Évangiles présentent sa mission en contraste avec l'idéologie impériale, et comment ces textes fonctionnent comme des actes de résistance et d'espoir pour les communautés opprimées. Chemin faisant, nous nous intéresserons aux chercheurs postcoloniaux et aux théologiens qui lisent les Évangiles non pas comme des récits d'évasion, mais comme des récits de confrontation, de courage et d'imagination contre-impériale.

Le contexte impérial romain

Comme nous l'avons vu au chapitre 3, le régime impérial romain en Palestine au Ier siècle était marqué par une combinaison de puissance militaire, d'exploitation économique et de propagande symbolique. L'empereur – qu'il s'agisse d'Auguste, de Tibère ou de Néron – était salué comme "Seigneur", "Sauveur", "Fils de Dieu" et celui qui apportait la paix par la victoire (*PAX ROMANA*). Ces titres n'étaient pas seulement civiques; ils étaient théologiques, inscrits dans la monnaie, les temples, les inscriptions et les rituels. Le système romain promettait sécurité et ordre, mais au prix de la soumission, de l'impôt et de la collaboration des élites.

En Judée et en Galilée, la domination romaine s'exerçait par l'intermédiaire de rois clients (comme Hérode le Grand et ses fils), de magistrats locaux et, en dernier ressort, de gouverneurs romains comme Ponce Pilate. L'élite du Temple – notamment les grands prêtres et les sadducéens – servait souvent d'intermédiaires, préservant son statut en maintenant l'ordre sous la surveillance romaine. Des mouvements de résistance apparurent périodiquement, des Zélotes aux prophètes apocalyptiques, dont beaucoup furent rapidement écrasés.

C'est dans ce contexte que Jésus apparaît, annonçant un autre type de royaume, accomplissant des actes de guérison et d'exorcisme, rassemblant des disciples et étant finalement jugé et exécuté sous l'accusation de sédition: "Le roi des Juifs".

Le message de Jésus comme défi politique

La proclamation centrale de Jésus – "Le royaume de Dieu est proche" – était à la fois théologique et politique. Le mot "royaume" (*basileia*) résonnait avec des images d'autorité, de domination et de souveraineté. Dans un monde où César revendiquait la domination universelle, le message de Jésus selon lequel le règne de Dieu s'installait à travers lui constituait une contre-affirmation radicale.

Ses actions ont renorcé ce message. Il a mangé avec les collecteurs d'impôts et les pécheurs, sapant ainsi les systèmes de pureté et d'exclusion. Il a guéri le jour du sabbat, remettant en question les interprétations légalistes et affirmant l'autorité divine sur le temps sacré. Il a chassé les démons, non seulement par des exorcismes, mais aussi par des actes de libération symbolique des puissances oppressives. En paraboles, il a décrit les propriétaires terriens, les rois et les intendants, mais a souvent inversé les attentes, exposant la cruauté et l'absurdité des systèmes de domination.

L'un des moments politiques les plus marquants se produit lors de l'incident du Temple (Marc 11,15-19 et parallèles), lorsque Jésus renverse des tables et chasse les marchands. Souvent spiritualisé comme une protestation contre la cupidité, cet acte doit être vu comme une perturbation prophétique d'un système économique et religieux lié aux intérêts impériaux. Le Temple n'était pas seulement un lieu sacré; c'était un centre financier et politique, collaborant avec Rome pour collecter les impôts et maintenir son contrôle. Les actions de Jésus font ici écho à la condamnation du Temple par Jérémie, le qualifiant de "caverne de brigands", et elles préparent le terrain pour son arrestation et son exécution.

Même l'entrée de Jésus à Jérusalem sur un âne (Marc 11,1-11) est une parodie politiquement chargée. Contrairement aux processions triomphales romaines, avec chevaux, armées et fanfare, Jésus met en pratique la prophétie de Zacharie concernant un roi humble (Zacharie 9,9), signalant un autre type de pouvoir. Le cri de la foule, "Hosanna", tiré du Psaume 118, était un appel au salut et à la délivrance – un cri chargé de sens sous l'occupation.

La Crucifixion et les pouvoirs

La crucifixion de Jésus est le moment le plus explicitement politique des Évangiles synoptiques. La crucifixion était une méthode romaine d'exécution publique réservée aux rebelles politiques, aux esclaves et aux ennemis de l'État. Son but n'était pas seulement de tuer, mais de faire honte et de dissuader. L'accusation clouée sur la croix – "Roi des Juifs" – était à la fois une moquerie et un avertissement.

Les récits de la Passion montrent comment les puissances impériales et religieuses s'entendent pour faire taire la dissidence. Jésus est trahi, faussement accusé, soumis aux moqueries, à la torture et à la mort. Pourtant, même ici, les Évangiles ne racontent pas le triomphe de l'empire, mais sa révélation et sa chute. La déclaration du centurion – "Vraiment, cet homme était Fils de Dieu !" (Marc 15,39) – bouleverse l'idéologie romaine. Le voile du temple se déchire, la terre tremble et Jésus, bien que crucifié, se révèle comme le véritable détenteur de l'autorité divine.

Dans l'Évangile de Luc, Jésus est présenté comme innocent, déclaré à plusieurs reprises innocent par Pilate et d'autres (Luc 23). Il est comparé à d'autres innocents exécutés, comme les martyrs maccabées.

Pourtant, Luc le présente aussi comme résolu et prophétique, acceptant la souffrance comme le chemin nécessaire vers la rédemption et la résurrection. La crucifixion n'est pas une défaite, mais l'affrontement ultime entre le règne de Dieu et les forces de la mort.

La résistance des premiers chrétiens et l'héritage politique de l'Évangile

Les implications politiques des Évangiles synoptiques ne s'arrêtèrent pas avec la mort de Jésus. Les premières communautés chrétiennes, y compris celles auxquelles s'adressaient les évangélistes, vivaient sous une pression impériale constante. Le langage qu'elles utilisaient – "évangile" (*euangelion*), "Seigneur", "Sauveur", "Fils de Dieu" – était profondément politisé, faisant écho aux titres revendiqués par César et les subvertissant. Appeler Jésus "Seigneur" (en grec: *kurios*) n'était pas seulement une confession de foi, mais un acte de résistance, un refus de prêter allégeance ultime à l'empereur.

Ces communautés se réunissaient chez elles, partageaient leurs repas, prenaient soin des pauvres et accueillaient les étrangers – non seulement par charité, mais aussi comme expression d'une politique contre-culturelle ancrée dans le Royaume de Dieu. Les Évangiles eux-mêmes ont été façonnés dans ce contexte: écrits pour des personnes qui savaient ce que signifiait vivre sous surveillance, connaître la pauvreté, affronter la persécution et espérer la délivrance.

Dans les Synoptiques, la résistance n'est pas toujours bruyante ou manifeste; elle est souvent symbolique, incarnée et relationnelle. Jésus enseigne à ses disciples à tendre l'autre joue, à faire un effort supplémentaire et à aimer leurs ennemis, non pas par acquiescement, mais comme une forme de perturbation non violente. Ses paraboles bouleversent les hiérarchies sociales. Sa communion à la table redéfinit la pureté. Sa croix, instrument de terreur de l'empire, devient l'emblème du triomphe de Dieu par l'amour souffrant.

Le témoignage politique des Évangiles synoptiques a inspiré l'Église primitive à pratiquer une forme de fidélité subversive: honorer les autorités gouvernementales autant que possible (Mt 22,21), mais refuser de se soumettre à un pouvoir injuste. Pour beaucoup, cette fidélité a conduit au martyre, non pas comme mort pour la mort, mais comme témoignage (*martyria*) d'une allégeance supérieure.

Lire les Évangiles d'un point de vue politique aujourd'hui

Dans les contextes modernes, la résonance politique des Évangiles synoptiques demeure plus vitale que jamais. Partout dans le monde, les chrétiens lisent ces textes dans des conditions d'oppression, d'inégalité, de surveillance et de lutte. En Amérique latine, en Afrique, en Asie et dans les communautés marginalisées d'Occident, les Évangiles sont entendus non seulement comme des textes religieux, mais aussi comme des récits de libération, de justice et de pouvoir alternatif.

Des théologiens de la libération comme Gustavo Gutiérrez, Jon Sobrino et James Cone ont insisté sur le fait que l'Évangile exige un engagement concret contre les structures d'oppression. L'identification de Jésus aux pauvres, sa confrontation avec les élites et son exécution par l'empire ne sont pas anecdotiques: elles sont essentielles pour comprendre qui il est et ce qu'exige la vie de disciple.

Les lecteurs contemporains sont invités à se demander: où règne encore l'empire aujourd'hui? Sous quelles formes la violence, la coercition et la domination persistent-elles? Qui est aujourd'hui crucifié par les systèmes que nous soutenons? Et que signifie suivre un Messie crucifié dont le royaume n'est pas de ce monde, mais qui y fait irruption par des actes de miséricorde, de justice et de vérité?

Il ne s'agit pas de réduire l'Évangile à une idéologie politique. Il s'agit plutôt de rappeler que le Royaume de Dieu est une vision de vie globale – une transformation sociale, économique, spirituelle et incarnée. C'est un défi lancé à tout empire, ancien ou moderne, qui revendique un pouvoir absolu ou qui exploite la peur et l'exclusion.

Conclusion: La politique du roi crucifié

Les Évangiles synoptiques proclament un royaume non défini par des trônes, des armées ou des pièces de monnaie, mais par la compassion, la justice et un amour précieux. Ils sont centrés sur un homme qui a renoncé à la coercition, défié les puissants, accueilli les marginalisés et est mort aux mains de l'État. Et pourtant, déclarent-ils, cet homme est Seigneur, et non César.

Lire fidèlement les Évangiles, c'est entrer dans une histoire de résistance et de renouveau, qui nous invite à nommer les puissances, à soutenir les crucifiés et à vivre à la lumière d'un règne différent. C'est réentendre les paroles inaugurales de Jésus – "Le royaume de Dieu est proche; repentez-vous et croyez à la Bonne Nouvelle" – non pas comme un appel à la seule piété privée, mais comme un appel à l'allégeance publique, à la transformation communautaire et à un courageux disciple.

À chaque époque, les disciples de Jésus doivent se demander: Quel royaume servons-nous? Quelles valeurs façonnent nos vies? Quelles croix ignorons-nous et dans quels tombeaux mettons-nous notre espoir? Les Évangiles synoptiques n'offrent pas de réponses faciles, mais ils tracent un chemin – un chemin étroit qui mène de la mort à la vie, de la résistance à la résurrection, de l'ombre de l'empire à la lumière du royaume paisible de Dieu.

Chapitre 12
Les Évangiles synoptiques et la foi et la culture contemporaines

Introduction: Paroles anciennes, témoignage vivant

Les Évangiles synoptiques – Matthieu, Marc et Luc – sont ancrés dans une époque, un lieu et un peuple particuliers. Pourtant, ces récits, composés au premier siècle dans le monde méditerranéen oriental, continuent de façonner la vie spirituelle, éthique et imaginative des communautés du monde entier. Ils sont plus que de simples documents historiques. Ce sont des textes vivants, animés par le Christ ressuscité et réinterprétés par des générations de lecteurs, de communautés et de cultures.

Dans ce chapitre, nous explorons la manière dont les Évangiles synoptiques continuent de fonctionner dans les contextes contemporains, en nous interrogeant: quel rôle jouent-ils dans la foi chrétienne aujourd'hui? Comment sont-ils intégrés – fidèlement ou de manière déformée – dans les médias modernes et la culture populaire? Que disent-ils à un monde aux prises avec l'injustice, la violence et la désorientation? Comment peuvent-ils façonner l'imaginaire moral des communautés en quête de vérité, d'espoir et de transformation?

Ce chapitre ne constitue pas la conclusion de l'étude de l'Évangile, mais sa continuation. Car les Évangiles synoptiques n'appartiennent pas seulement au passé. Ils parlent au présent et nous appellent à l'avenir: à une nouvelle façon de vivre, de voir et d'être dans le monde.

Les Évangiles synoptiques dans la foi et la pratique chrétiennes

Pour des millions de chrétiens à travers le monde, les Évangiles synoptiques sont le cœur spirituel de leur foi. Dans les liturgies et les lectionnaires, les catéchismes et les lectures dévotionnelles, les sermons et les sacrements, ces récits façonnent la manière dont les croyants rencontrent Jésus et comprennent son appel à le suivre.

Chaque Évangile contribue de manière distincte à ce pouvoir formateur. L'Évangile de Matthieu, avec ses longs discours d'enseignement, dont le Sermon sur la montagne, offre une éthique durable pour la vie chrétienne. Jésus y est présenté comme le maître faisant autorité qui réinterprète la Torah du haut de la montagne, faisant écho à Moïse et offrant une vision de la justice ancrée dans la miséricorde et la justice.

L'Évangile de Marc, en revanche, est souvent vécu comme viscéral, urgent et profondément humain. Dans les assemblées aux prises avec la souffrance, le doute ou la marginalisation, Marc dépeint Jésus comme incompris, abandonné et crucifié, mais aussi justifié par sa puissance. L'accent mis sur le prix du discipulat et l'ambiguïté de la foi ("Je crois, viens au secours de mon incrédulité", Marc 9,24) parle profondément à ceux qui traversent une crise.

L'Évangile de Luc, quant à lui, a inspiré d'innombrables chrétiens par son attention aux pauvres, son éloge des femmes et sa vision globale de l'histoire du salut. Le Jésus de Luc est priant, compatissant, guidé par l'Esprit et profondément attentif aux exclus. Pour de nombreuses communautés chrétiennes du monde entier, en particulier celles issues de mouvements pour la justice, le message de Luc est le plus résonnant et le plus dynamisant des trois.

Dans la vie de l'Église, les Évangiles ne sont pas seulement lus, mais aussi interprétés: lors des rituels du baptême, de l'Eucharistie et des guérisons; lors des reconstitutions de la Nativité et de la Passion; et dans l'expression musicale, artistique et homilétique. Ils offrent un langage pour la lamentation et la louange, pour la confession et l'espérance. Dans la dévotion individuelle, les croyants reviennent sans cesse à des histoires comme la parabole du semeur, l'apaisement de la tempête, l'appel à prendre sa croix – des textes qui continuent de parler à travers les siècles et les continents.

Mais cette vitalité exige aussi une interprétation continue. Aucune lecture n'est neutre. Chaque rencontre avec les Évangiles est façonnée par le contexte historique, la tradition théologique et la vision culturelle du monde. Pour que les Évangiles demeurent au cœur de la vie chrétienne, il faut les lire avec attention et courage, en leur permettant non seulement de réconforter mais aussi de troubler, non seulement de raffermir mais aussi de transformer.

Les Évangiles dans la culture populaire et les médias

Au-delà des murs des églises, les Évangiles synoptiques ont imprégné la culture mondiale, apparaissant au cinéma, dans la littérature, la musique, le théâtre, la rhétorique politique, les mouvements de protestation et même la publicité. Leur influence sur l'imaginaire culturel est considérable, bien que pas toujours fidèle à leur complexité ou à leur intention.

Au cinéma, les récits évangéliques ont inspiré des œuvres allant des adaptations respectueuses (*Jesus of Nazareth* & *The Gospel of Matthew*) aux réinterprétations provocatrices (*The Last Temptation of Christ* & *Jesus Christ Superstar*). Chaque film fait des choix interprétatifs: quel Évangile suivre, comment représenter le personnage de Jésus, quelle importance accorder aux miracles, à la souffrance, à la résurrection ou à l'enseignement. Ces représentations façonnent la perception du public, en particulier de ceux qui ne liront peut-être jamais les Évangiles directement.

Des projets récents comme *The Chosen* visent à humaniser les disciples et à contextualiser le ministère de Jésus, mêlant souvent des éléments évangéliques à une histoire de fond imaginative. Si cela peut susciter une implication plus profonde du spectateur, cela soulève également des questions sur ce qui se passe lorsque les Écritures sont dramatisées, sérialisées et commercialisées. Quels sens sont mis en avant? Qu'est-ce qui est ajouté ou omis? Qui contrôle la représentation?

En littérature, les Évangiles ont servi de source à la réflexion spirituelle et philosophique. Des écrivains comme Léon Tolstoï, Toni Morrison et Marilynne Robinson ont abordé les thèmes de l'Évangile pour explorer le pardon, la grâce, la souffrance et la transformation. En musique, des références aux récits évangéliques apparaissent dans des œuvres allant du Messie de Haendel à la période gospel de Bob Dylan, en passant par les paroles prophétiques de Kendrick Lamar.

Même dans le discours politique et la publicité, le langage évangélique est souvent récupéré. Des expressions comme "Bon Samaritain", "Tendez l'autre joue" ou "Heureux les artisans de paix" apparaissent dans des contextes profanes, souvent débarrassées de leurs racines théologiques ou réinterprétées à des fins idéologiques. Cette popularisation peut être puissante, mais aussi problématique, réduisant des textes complexes à de simples slogans.

Ainsi, intégrer les Évangiles à la culture exige une culture théologique et un engagement critique.

Nous devons nous demander: quelle version de Jésus est dépeinte? Quelle vision du Royaume est proposée? Les textes sont-ils utilisés pour libérer ou domestiquer, pour éveiller ou pour engourdir?

Les Évangiles et l'éthique et la justice contemporaines

Les Évangiles synoptiques ne se limitent pas à la foi personnelle ou à la spiritualité intérieure; ce sont des textes profondément moraux et politiques, profondément engagés dans les structures sociales et les comportements humains. Au fil de leurs pages, nous trouvons des enseignements et des actions qui répondent directement aux défis éthiques et sociaux d'aujourd'hui, offrant non pas des réponses simples, mais des questions et des valeurs transformatrices.

L'un des fils conducteurs éthiques les plus clairs des Évangiles est le souci constant de Jésus pour la justice économique. À maintes reprises, il met en garde contre les dangers de la richesse et remet en question les systèmes qui enrichissent quelques-uns tout en excluant le plus grand nombre. Dans la parabole du riche insensé (Luc 12,13-21), Jésus expose la futilité de l'accumulation de biens face à la mortalité et au jugement divin. Dans le Sermon sur la montagne de Matthieu (Mt 6,19-24), il exhorte ses disciples à amasser des trésors au ciel, avertissant que là où se trouve le trésor, là aussi se trouve le cœur. Ses interactions avec l'homme riche dans Marc 10 et avec Zachée dans Luc 19 montrent que le discipulat exige non seulement une conversion intérieure, mais aussi un changement économique concret: libérer les richesses, redistribuer les ressources et répondre généreusement aux besoins d'autrui.

Parallèlement, les Évangiles critiquent acerbement l'injustice systémique et l'hypocrisie, notamment chez les personnes occupant des postes de pouvoir religieux ou social. Jésus dénonce les dirigeants qui usent de leur statut pour accabler les autres tout en éludant les exigences de miséricorde et de compassion. Dans Matthieu 23, il livre une accusation virulente contre les scribes et les pharisiens qui pratiquent la piété pour la gloire publique tout en négligeant ce qu'il appelle "les choses les plus importantes de la loi: la justice, la miséricorde et la foi". Ces confrontations ne sont pas simplement personnelles: elles sont structurelles et visent un système qui privilégie le rituel au détriment de la relation, le contrôle au détriment de l'attention.

Radicale de l'inclusion et de l'hospitalité de Jésus est tout aussi marquante. Dans les trois Évangiles synoptiques, Jésus accueille systématiquement ceux qui sont exclus, que ce soit en raison de leur sexe, de leur origine ethnique, de leur maladie, de leur profession ou de leur jugement moral. Il dîne avec des publicains et des pécheurs, parle aux femmes en public, touche les lépreux, guérit les Gentils et fait des Samaritains et des veuves des héros dans ses paraboles. Dans l'Évangile de Luc en particulier, cette ouverture s'inscrit dans une vision plus large du renversement, où les humbles sont élevés et les orgueilleux abaissés. Dans le monde d'aujourd'hui, marqué par la xénophobie, le racisme, la misogynie et la peur de "l'autre", les Évangiles appellent l'Église à devenir une communauté d'accueil, et non d'exclusion.

Les Évangiles offrent également une critique profonde de la violence et de la domination. Jésus enseigne la non-rivalisation face aux blessures ("tendez l'autre joue"), prône l'amour de l'ennemi et refuse de recourir à la force, même menacé d'arrestation et de mort. Son triomphe n'est pas militaire, mais sacrificiel; son intronisation se fait par la croix. Dans une culture imprégnée de violence – du militarisme et de la culture des armes à feu aux systèmes carcéraux et aux abus de pouvoir – les Évangiles invitent les chrétiens à imaginer un autre type de pouvoir: un pouvoir ancré dans la vulnérabilité, la non-violence et la souffrance rédemptrice.

Ces dimensions éthiques ne sont pas des idéaux abstraits; elles sont faites pour être vécues. Les Évangiles ont été une source d'inspiration pour les mouvements de justice et de libération tout au long de l'histoire. Des abolitionnistes citant l'Exode et les Béatitudes, aux défenseurs des droits civiques comme Martin Luther King Jr. prêchant le Sermon sur la Montagne, en passant par les défenseurs modernes de la réforme de l'immigration, de l'abolition des prisons, de l'équité économique et de la justice climatique, les Évangiles ont animé vision et action.

Pourtant, ils ont aussi été détournés, utilisés pour justifier la hiérarchie, le patriarcat, le colonialisme et l'oppression. De ce fait, lire les Évangiles synoptiques aujourd'hui exige discernement, conscience du contexte et responsabilité éthique. Il ne s'agit pas de manuels d'éthique au sens moderne du terme, ni de prescriptions politiques toutes faites. Ils offrent plutôt une vision du monde tel qu'il est censé être: un monde où la miséricorde prime sur le jugement, où les étrangers sont accueillis, où les richesses sont partagées et où la paix est recherchée à tout prix.

Lire les Évangiles synoptiques à notre époque, c'est entendre non seulement une parole de réconfort, mais aussi un appel à l'action, à la solidarité et à la transformation. Leur force morale ne réside pas dans le légalisme, mais dans la vision qu'ils offrent: l'avènement du règne de Dieu au cœur de l'injustice humaine – un royaume où les premiers sont les derniers, et où les derniers sont enfin vus, entendus et honorés.

Conclusion: Une parole vivante pour un monde en mutation

Les Évangiles synoptiques ne sont pas achevés. Bien que l'encre des manuscrits soit sèche, l'histoire qu'ils racontent continue de se dévoiler. Dans chaque acte de lecture, d'enseignement, de protestation, de pardon, de guérison et d'espoir, l'Évangile est à nouveau vécu. Sa vérité ne se limite pas au passé, mais éclate au présent, partout où les gens ont soif de justice, de guérison, d'appartenance et de grâce.

Dans un monde en mutation rapide, où la peur monte et où l'injustice est profonde, ces textes anciens offrent courage et clarté. Ils placent les pauvres et les marginalisés au centre, défient les puissants et annoncent un royaume non de domination, mais de paix. Ils proclament un Dieu qui marche parmi les blessés, qui partage les repas avec les pécheurs et qui triomphe de la mort non par la violence, mais par l'amour.

Lire les Évangiles synoptiques aujourd'hui, c'est rencontrer une invitation radicale: se détourner du désespoir et de la domination, et suivre la voie de Jésus: crucifié, ressuscité et vivant parmi nous. C'est entrer dans une histoire qui continue de s'écrire, écrite par des artistes et des militants, des pasteurs et des prisonniers, des enseignants et des enfants, des saints et des pécheurs.

Puissions-nous, nous aussi, trouver notre place dans cette histoire. Et que les paroles des Évangiles – anciennes, percutantes, belles et vraies – deviennent en nous une parole vivante.